Nach dem Einmarsch der Sowjets in Litauen 1941 wird die 14-jährige Dalia Grinkevičiūtė zusammen mit ihrer Mutter und ihrem Bruder nach Sibirien deportiert. Ihre Jugendjahre verbringt sie in der Verbannung im Altai-Gebiet und in der Arktis. Mit Anfang 20 gelingt Dalia die Flucht. Zurück in Litauen schreibt sie ihre Erinnerungen an die Verbannung in großer Eile auf lose Blätter und vergräbt diese aus Angst vor der Entdeckung durch den KGB in einem Einweckglas im Garten. Kurz darauf wird Dalia vom KGB verhaftet und erneut deportiert. Erst nach ihrem Tod werden ihre Aufzeichnungen wie durch ein Wunder 1991 gefunden. Heute sind sie Schullektüre in Litauen und zählen zu den wichtigsten Dokumenten der Geschichte des Landes.

DALIA GRINKEVIČIŪTĖ wurde 1927 in Kaunas, der provisorischen Hauptstadt Litauens, als Tochter eines hohen Beamten der Nationalbank geboren. 1941 wird sie mit Mutter und Bruder an die Lenamündung in Sibirien verbannt. 1949 flieht sie mit ihrer Mutter aus der Verbannung und verbringt 1949-1950 illegal in Kaunas, bevor sie erneut deportiert wird. 1954 erfolgt die Entlassung. Nach einem Medizinstudium arbeitet sie ab 1960 als Ärztin, von 1974 an darf sie allerdings nicht mehr praktizieren. Ihr Antrag auf Emigration nach Frankreich wird 1977 abgelehnt. 1987 stirbt Dalia Grinkevičiūtė in Kaunas.

VYTENĖ MUSCHICK, geb. 1972 in Vilnius, Studium der Litauischen und Skandinavischen Philologie in Vilnius, Reykjavík, Uppsala und Berlin. Seit 1995 lebt und arbeitet sie u.a. als Übersetzerin und Rundfunkautorin in Berlin.

ANNA HUSEMANN, geb. 1976, Studium der Psychologie in Tübingen, Ann Arbor, Michigan und Berlin. Nach der Promotion arbeitete sie als Dozentin für Psychologie in Kampala, Uganda. Lebt und arbeitet heute in Frankfurt.

Dalia Grinkevičiūtė

Aber der Himmel – grandios

Aus dem Litauischen von Vytenė Muschick

Herausgegeben von
Vytenė Muschick und Anna Husemann

Mit einem Nachwort von Thomas Venclova

btb

Dalia Grinkevičiūtės Weg
in die Verbannung

Inhalt

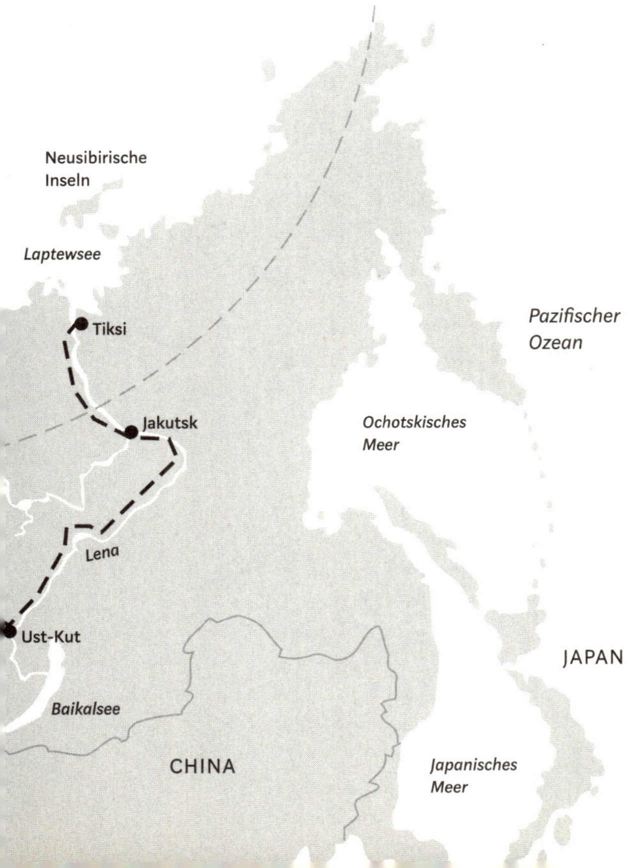

Neusibirische Inseln
Laptewsee
Tiksi
Pazifischer Ozean
Jakutsk
Ochotskisches Meer
Lena
Ust-Kut
JAPAN
Baikalsee
CHINA
Japanisches Meer

Dalia Grinkevičiūtė als
Studentin. Omsk, 1955

Einleitung

Am 14. Juni 1941 wird Dalia Grinkevičiūtė, ein 14-jähriges, litauisches Mädchen aus Kaunas, zusammen mit ihrer Mutter und ihrem Bruder deportiert. Nach einer monatelangen Reise mit vielen Zwischenstationen erreichen sie im August 1942 zusammen mit Hunderten von anderen Deportierten die Insel Trofimowsk in der Arktis. Kurz vor Einbruch des arktischen Winters sollen sie hier in der Verbannung ein Lager für sich selbst errichten.

Sechs Jahre später darf Dalia Grinkevičiūtė diesen Ort wieder verlassen, um in Jakutsk 1948 eine Ausbildung zu beginnen. Der Mutter wird vom NKWD verwehrt mitzukommen, sie gelangt jedoch unbemerkt an Bord des Dampfers. Während der Fahrt wird der Betrug entdeckt, der NKWD nimmt Dalia Grinkevičiūtė die Papiere ab und schickt sie kurzerhand zur Strafe in die Kohlegruben nach Kangalas, ohne dass sie sich von ihrer Mutter noch hätte verabschieden dürfen. Als die Förderung eingestellt wird, darf sie nach Jakutsk zurückkehren, wo sich ihre Mutter aufhält. Die Mutter weiß, dass sie bald sterben muss und wünscht sich noch einmal ihre Heimat zu sehen und in Litauen zu sterben.

Im Februar 1949 reisen beide Frauen ohne Papiere mit dem Flugzeug aus Jakutien über Moskau illegal nach Litauen. Ein Suchbefehl zwingt sie, sich bei Bekannten und Verwandten versteckt halten zu müssen. Aus Angst vor Entdeckung wechseln die todkranke Mutter und Tochter mehrmals hastig ihre Bleibe.

In dieser Situation – illegal in einem Versteck lebend – beginnt die mittlerweile 22-Jährige ihre Erinnerungen unter äußerstem Druck und mit höchster innerer Anspannung an verschiedenen

Orten, auf losen Blättern aufzuschreiben. Dalia Grinkevičiūtė erinnert sich, was sie als 14–15-Jährige in den ersten Jahren der Verbannung erlebte. Sie berichtet über alles in der Gegenwartsform. Im Strom der Erinnerung wechseln allerdings immer wieder, oft unvermittelt, die Zeitebenen und die Orte. Häufig erzählt sie direkt aus der Situation des erinnerten Geschehens heraus, manchmal merken wir, dass sie aus ihrem derzeitigen Versteck aus auf Vergangenes zurückblickt. Auch die Zeit der glücklichen Kindheit in Kaunas und der Sehnsucht nach ihr ist immer gegenwärtig. Die Aufzeichnungen enden abrupt im Jahre 1942 oder 1943.

Im Frühling 1950 wird der Zustand der Mutter hoffnungslos. Als sie am 5. Mai 1950 stirbt, schlägt Dalia Grinkevičiūtė eine Grube in den Betonboden des Kellers ihres Elternhauses in der Perkūno Allee 60 in Kaunas, um ihre Mutter dort unbemerkt beerdigen zu können. Sie spürt, dass sie vom KGB observiert wird und vergräbt die beschriebenen losen Blätter in einem Weckglas im Garten des Hauses. Dalia Grinkevičiūtė vertraut ihre Erinnerungen der Erde an. Gerade noch rechtzeitig, denn im Mai 1950 wird sie tatsächlich vom KGB verhaftet. Weil sie das Angebot einer Zusammenarbeit ablehnt, wird sie erneut über etliche Gefängnisse und Lager in Kaunas, Vilnius, Moskau und Sverdlowsk in die Verbannung nach Sibirien geschickt.

Erst 1956 darf Dalia Grinkevičiūtė nach Litauen zurückkehren. Sie sucht im elterlichen Garten nach ihren vergrabenen Erinnerungen, findet aber ihre Aufzeichnungen nicht wieder.

In Sowjetlitauen arbeitet sie als Ärztin in einem Provinzkrankenhaus in Laukuva. Die ehemalige Deportierte ist für die lokalen Behörden unbequem, 1974 wird sie entlassen und darf nicht mehr als Ärztin praktizieren. Dalia Grinkevičiūtė zieht zu ihrer engen Freundin Aldona Šulskytė: Dort schreibt sie ihre Erinnerungen nochmals in verkürzter Form auf. Diese Version wird

1] Mūsų barakas tikras
lazaretas. Ligos ~~vienos~~
99
keičia viena po kito.
Ligos seka viena [illegible]. Ir spjauti
galima į veidą kiekvienam
kuris sakys, kad buvo
poliarijoj ir nesirgo ligos.
Ligos šių kiekvienas, tik
skiriasi stadijos. ~~Pas~~
Pranoleda [illegible], kad iš
dantų smegenų bėga
kraujas. Jie mėlyni ir
ištinę, paskui ~~[illegible]~~
prasideda kliedėt [illegible]
staugt. Jie lieka be
[illegible], palieka šaknys,
kojose abiejose žaizdos!
[illegible] nesisaugoti, bet iš
[illegible] šitus nuvesti,
[illegible] [illegible] kaip [illegible] ~~[illegible]~~
infekcijos, [illegible]
pirmas 30 kelias [illegible]

prilipusios prie žaizdų,
~~utėlės~~ ~~surpūt~~ utėlės
visas bakterijas nuo
žaizdų nuėdė. Skaudėjo
sąnarius ir raumenis,
dažniausiai kelius ir
ir klausdavo. Vienintelis
išsigelbėjimas yra ma-
žiau gulėti, daugiau
judėti, taikstytis.
Iš ryto negali atlenkti
kelių, jie kaip ~~gele~~
šiurpuliai, nuo kaulų
nuo naujo prasideda
ropos. Skausmas gniau-
žo gniūžtė iš širdies...
Į klausdavo sausi ka-
pirštų prisimenu ~~[illegible]~~
Išvelkam 5 ~~[illegible]~~
~~[illegible]~~
~~Bet~~ + baraka ko ne

im Untergrund weiterverbreitet, mehrmals abgeschrieben und vervielfältigt. Auf diesem Weg gelangen die Erinnerungen 1979 auch zu Moskauer Dissidenten, später in die USA und erst 1988 erscheinen sie in einer Zeitschrift in Litauen. Dalia Grinkevičiūtė erlebt das nicht mehr, sie stirbt 1987 an einem Krebsleiden.

Erst 1991, als Litauen wieder frei und unabhängig ist, wird das Weckglas beim Umpflanzen einer Pfingstrose entdeckt und die Blätter ins Kriegsmuseum in Kaunas gebracht, wo sie restauriert und abgeschrieben werden. Beide Versionen der Erinnerungen erscheinen 1997 unter dem Titel »Lietuviai prie Laptevų jūros« (Litauer an der Laptewsee). Heute befindet sich das Originalmanuskript der Erinnerungen von 1949/1950 im Nationalmuseum in Vilnius und gehört zur Pflichtlektüre an litauischen Schulen.

Diese Übersetzung basiert auf den Erinnerungen von 1949/1950, sie reflektieren unmittelbarer, emotionaler und detaillierter die Erlebnisse in der Verbannung. Die unlesbaren Stellen sind wie folgt gekennzeichnet: (...).

Die Geschichte des Manuskripts ist zugleich die Geschichte von Dalia Grinkevičiūtė. Es ist eine Geschichte von losen Blättern, die einen eigenen Charakter angenommen haben, unbeugsam, standhaft und widerstandsfähig. Hier wird ein schutzloses Blatt Papier zum unzerstörbaren Erbe.

Der Vermerk im Archiv zum Manuskript lautet: »Insgesamt 229 lose Blätter. Aus der Erde geholt am 29. April 1991 (in Kaunas, Perkūno Allee 60). Geschrieben mit Bleistift, Tinte, auf einem einfachen Papier.«

* * *

Da ich Dalia Grinkevičiūtė während der Sommerferien in Laukuva bei meiner Tante Aldona Šulskytė persönlich kennenlernen durfte, machte ich es mir zur Aufgabe, ihre sehr persönliche und zugleich zeitlose Erfahrung in anderen Sprachen zugänglich zu machen. Durch Unterstützung von Books from Lithuania und Matthes & Seitz Berlin ist das jetzt auf Deutsch möglich.

Mein Dank gilt außerdem dem litauischen Kulturattaché in Deutschland Gabrielė Žaidytė, Tomas Venclova, Irena Veisaitė, Delija Valiukėnas, Meike Rötzer, Tomas Mrazauskas, Stephanie Lindner, Martin Muschick, Stephan Muschick und Norbert Beckmann-Dierkes.

Vytenė Muschick

Aber der Himmel – grandios

Was ist das? Meine Hand berührt ... kaltes Eisen. Ich liege auf dem Rücken ... schön ... die Sonne ... ein Schatten ...

Ich ahne, ein Abschnitt meines Lebens ist zu Ende. Punkt. Von jetzt an beginnt ein neuer, unbekannter, der Angst macht. 24 Menschen liegen neben mir. Schlafen sie? Wer weiß, jeder hat seine eigenen Gedanken, jeder hat sein Leben hinter sich gelassen, gestern einen Teil des Lebens abgeschlossen. Jeder hat eine Familie, Verwandte, seine Nächsten, geliebte Menschen. Jetzt verabschieden sie sich in Gedanken von allen. Plötzlich ruckelt der Waggon. Von der oberen Liege fällt ein Gegenstand. Niemand schläft. Stille. Ich ziehe mich rasch an, muss mich von Kaunas verabschieden. Alle drücken sich an die Fenster. Es ist alles zu Ende, zu Ende, zu Ende. Schluss, aus. Noch ein Stoß und der Zug setzt sich in Bewegung. Ich sehe die Türme der Karmelitenkirche vorüberziehen, sie glänzen golden in der Morgensonne. Es ist halb fünf. Kaunas schläft noch. Die 63 Waggons rollen leise und bringen uns, 1500 Litauer, in eine unbekannte Ferne, ein unbekanntes Leben. Tränen in unseren Augen. Die Kinder weinen, als verstünden auch sie alles, sie schweigen, folgen mit ihren Blicken den verschwindenden Bilder der Stadt, den vorüberziehenden Feldern. Seht hin, Kinder, schaut euch das an, prägt euch die Bilder dieser Minuten ein. Viele hundert Augenpaare streifen zum letzten Mal über ihre Heimatstadt ... »Ich weiß, ich werde das hier nicht mehr wiedersehen,« sagt meine Mutter. Diese Worte treffen mich wie Messerstiche. Der Lebenskampf beginnt, Dalia. Gymnasium, Kindheit, Toben, Spielen, Quatsch machen, Theater, die Freundinnen – das ist alles Vergangenheit. Du bist jetzt eine Erwachsene. Du bist gerade vierzehn geworden. Du musst dich um deine Mutter kümmern, den Vater ersetzen. Mein Lebenskampf beginnt, der erste Akt meines Überlebenskampfes.

Ein Tunnel. Der Zug nimmt Fahrt auf. Nemunas. Petrašiūnai. Wo ist Papa jetzt? Auf Wiedersehen.

Vilnius. Wir stehen im Güterbahnhof. Irgendjemand benachrichtigt seinen Verwandten, einen Bahnangestellten, über die Deportation, bittet ihn, die Mutter zu unterrichten und ihr ein »Gott sei mit dir« zu überbringen. Sie solle für alle Fälle ihre warme Kleidung vorbereiten. Zum Teufel mit der warmen Kleidung! Du solltest ihr lieber raten ein Versteck zu suchen, zu verschwinden. Vilnius entfernt sich. Die Bewohner von Vilnius stehen an den Gleisen und schauen uns an, als seien wir ein Todestransport. Sie segnen uns. Die Polen sind gläubig. Ist das wahr? Fahren wir tatsächlich in den Tod?

Nein! Um alles in der Welt! Wir werden leben, wir werden leben, soll uns der Teufel holen. Wir werden leben und überleben, wir werden kämpfen und wir werden gewinnen – hört ihr?

Naujoji Wilna. Hier steht ein Güterzug voll mit Männern. Ich gehe die zugenagelten Waggons entlang und frage nach meinem Vater.

»Nein, nein, nein. Hier sind nur Leute aus Vilnius«, bekomme ich überall zur Antwort.

Wir werden wieder in die Waggons gepfercht und eingeschlossen. Der Zug fährt ab. Ich hatte weglaufen wollen und hätte es auf diesem Bahnhof auch tun können. In der Nähe waren große Haufen Brennholz, aber ich wusste, dass ich im Zug eine gebrechliche, hilflose Mutter zurücklassen würde. Ich fühlte mich, als sei ich schon zwanzig.

»Grenze, Grenze. Bald kommt die Grenze.«

Die letzten Kilometer in Litauen – die Wälder, die Bäume und die Blumen.

In der Waggontür ist ein Spalt. Etwa fünf Zentimeter groß. Ich nehme den Geruch der litauischen Felder tief in mich auf, damit ich ihn nie vergesse. In irgendeinem Waggon beginnt einer das Lied »Schön bist du, mein liebes Vaterland«. Ein ganzer Zug stimmt mit ein.

Rasch ziehen die Felder Weißrusslands vorüber. Diesmal benötigen wir wohl kein Visum. Orscha, Minsk, Smolensk. Es ist schwül. Wasser ist knapp.

Wenn der Zug hält, stürzen alle hinaus und erleichtern sich direkt am Gleis. Keiner geniert sich. Fährt der Zug wieder an, lässt er jedes Mal eine beeindruckende Landschaft hinter sich. Auf den weißrussischen Bahnhöfen sehen wir häufig Reisezüge, meist fahren sie Richtung Litauen. Gut, gut. Bald wird dort viel Platz sein. Nur zu, ihr Heuschrecken!

Kirov. Die Züge mit den Deportierten halten nebeneinander wie bei einer Parade: Neben dem Zug aus Kaunas steht auf der einen Seite ein Zug aus Riga, auf der anderen einer aus Tallinn. Sei gegrüßt Baltikum! Hier und da ergeben sich Gespräche.

Wir stellen uns in einer Reihe auf, um Mittagessen zu bekommen. Immer zu zweit nebeneinander. Irgendwo ganz hinten entdecke ich meine Geschichtslehrerin Spūdienė. Auf einmal wird es still. Wirre Reden im Radio. Krieg!!! Krieg!!!

Wir blicken einander an und eilen mit dem Mittagessen und Zeitungen zum Waggon.

In allen drei baltischen Zügen bricht kurz Freude aus. Vielleicht fahren wir nicht weiter? Vielleicht bringen sie uns zurück? So ein Quatsch. Wir sind doch jetzt hinter der Frontlinie. Die Unruhe steigt: Was passiert jetzt in Litauen? Ist das Land verwüstet? Haben die Verwandten den Bombenangriff überlebt? Wir fahren weiter – fahren, fahren, fahren. Den fünften Tag, den zehnten. Was vom Essen übrigbleibt geben wir einheimischen Kindern, die mit ausgestreckten Händen und hungrigen Augen betteln: »Chleba, tiotenki ...«* Das hören wir häufig, nachdem wir die litauische Grenze passiert haben.

Der Ural. Sei gegrüßt Mütterchen Asien. Wir sind erschöpft, dreckig und blass, schlafen dicht aneinandergedrängt. Wir sprechen ständig nur über ein Thema, in unseren Köpfen kreist unentwegt eine einzige Frage – wohin fahren wir? Erst dachten wir, es ginge in den Ural, aber der liegt schon hinter uns. Herr Andriukaitis, der früher Kaufmann war, ist ein echter Pragmatiker. Er trocknet sein Brot auf Vorrat und versichert uns, dass wir es ihm bald abkaufen werden. Sein kaufmännisches Talent lebt er sogar während der Fahrt voll aus: Mal kauft er was ab, mal verkauft er, hier und da betrügt er ein bisschen. »In den Erdhöhlen werdet ihr leben, euch erhängen werdet ihr«, belehrt er uns, während er mit vollem Mund kaut. Als ob das alles nur uns beträfe und nicht ihn.

Wenn es Hirsebrei zu essen gibt, ist er der Einzige, der isst. Er isst und sagt: »Ihr esst nicht, ihr esst nicht, bald werdet ihr das bitter bereuen, das sage ich euch.« Brei gibt es in Unmengen – ganze Eimer voll. Einen Teil davon haben wir durch ein Loch rausgeschüttet. Wie wahr waren doch die Worte des klugen Kaufmanns Andriukaitis – an den Brei haben wir tatsächlich schon bald voller Reue gedacht.

Fünfzehnter Tag, zwanzigster. Mein Kopf brummt, wir sind ausgelaugt. Da! Wir sind offenbar am Ziel angelangt. In jedem Bahnhof werden jetzt drei bis fünf Waggons abgekoppelt. Westsibirien. Der Bahnhof Troschtschin. Die Waggontür wird geöffnet: »Wygrushajtes, bystrej!«** Wie oft habe ich mir diesen Satz später noch anhören müssen, mit russischen Flüchen ausgeschmückt! Bei der Ankunft wird einem jedes Mal Angst und Bange – wo sind wir, was erwartet uns?

---

* *Gebt uns Brot, gnädige Tantchen ...*

** *Aussteigen, schnell!*

Wir stehen in kleinen Gruppen auf einem Platz und bekommen unseren Wohnort zugeteilt. Wir sitzen neben unseren Sachen. Zu jeder Gruppe kommt ein »Apostel« und inspiziert unsere Habseligkeiten. Es regnet in Strömen und es donnert. Die Mütter versuchen ihre kleinen Kinder vor dem Regen zu schützen, alle sind vollkommen durchnässt.

Nach der Durchsuchung, die vier Stunden dauert, bekommen wir die Information: »Tak wot, wy budete shit w sweklosowchose.«*

Wir – die Waggons Nr. 19 und Nr. 20 (insgesamt 50 Menschen) fahren zum Sveklosowchos. Schon im Zug hatte ich mich gewundert, dass sie uns mit Nummern aufriefen. Das Unbehagen überfiel mich erneut, als ein Tschekist brüllte: »Nummer siebzehn!« Ich ... Nummer siebzehn? Nach einigen Minuten kam ich wieder zu mir und wurde rot vor Wut. Ich spürte, wie mein Herz schneller und schneller schlug. Nr. 17 aus dem Waggon Nr. 19, das bin also ich! Gut, dass Papa das nicht hört. Ich fühlte mich, als würden mir Ketten angelegt. Der eiskalte Blick, den der Tschekist mir zuwirft, ist brutaler als ein Schlag. Das ist der Blick eines Sklavenhändlers, der prüft, wie viele Muskeln ich habe, ob ich zur körperlichen Arbeit tauge. Zum ersten Mal fühle ich mich wie ein Gegenstand. Dass ich eigentlich noch zur Schule gehen muss, scheint niemanden zu interessieren. Ich stehe vor ihm, empfinde einen ungeheuren Hass und will aufbegehren wie ein Sklave. Ich wende meinen Kopf zur Seite und sehe meine Mutter an. Ihr Blick ist voller Schmerz. Sie begreift alles und vermeidet es, mir direkt in die Augen zu schauen, aber ich sehe trotzdem, wie ihr die Tränen herunterlaufen. Ihre Tochter und ihr Sohn, der ganze Stolz der Mutter und des Vaters, ihre Quelle der Freude und die ihres Mannes, werden wie Arbeitstiere

---

* *Ihr werdet also in einem Sveklosowchos leben.*

gemustert. Wir verstehen uns wortlos und sind beide beklommen. Wir haben später nie darüber gesprochen.

Wir leben in zwei riesigen Baracken. Jeden Tag schuften wir achtzehn Stunden auf den Feldern. Keiner jammert, obwohl es hart ist. Die Gesichter sind sonnenverbrannt, unsere Hände werden langsam zu richtigen Arbeiterhänden. Wir verdienen so gut wie nichts. Die Aufseher lassen keine Gelegenheit aus, uns mit Hohn und Spott zu überhäufen – in ihren Augen sind wir Schwerverbrecher. Die Ukrainer dort, auch Deportierte, sind aufrichtig und nett zu uns. Wir können kein Wort Russisch, plappern aber trotzdem drauflos. Unsere Sachen tauschen wir gegen Essen. Der Winter ist gekommen. Durch die Baracken zieht ein kalter Wind.

Wir hoffen alle, dass wir bald wieder nach Hause können. Alle sind davon überzeugt. Das Klima hier ist gut, besonders für Tuberkulosekranke. Irena B., meine gleichaltrige Freundin, musste in Litauen starke Medikamente für ihre kranke Lunge nehmen, hier sieht sie richtig propper aus, wie ein Quarkkrapfen. Der Winter ist zwar kalt, dafür aber trocken. Und er ist schnell vergangen. Danach kommt der Frühling, Zeit die Felder zu bestellen.

Ich sehne mich nach Schlaf. Wenigstens eine Minute, nur einen Augenblick. Der Zug jagt schaukelnd und heult dumpf. 72 Menschen schlafen in einem Waggon, stehend und mit geöffneten Augen. Ich höre lautes Atmen und spüre ein Zittern an meiner Seite. Das ist Genė Markauskaitė – ein zehnjähriges tuberkulosekrankes Mädchen, gelb wie eine Zitrone. Ihre Augen liegen tief in den Höhlen, die Lippen sind blau. Sie zittert vor Kälte, mir ist heiß. Die Läuse krabbeln über ihren Hals und ihre Schulter, kommen zu mir rüber und verschwinden irgendwo.

Krasnojarsk. Bereits eine Woche dauert diese irrsinnige, höllische Fahrt. Oben an der Decke flackert eine winzige Lampe im

Dunkeln. Konnte ich früher nachts wirklich schlafen? Konnte ich beim Schlafen sogar meine Beine ausstrecken? Nein, das glaube ich nicht.

Ich kann mich kaum bewegen, meine Beine schwellen an. Alles versinkt im Nebel – wie im Traum blicke ich auf das Gesicht von Genė, sie hustet mich an. Warum zum Teufel müssen wir zusammengepfercht fünf Tage und Nächte derart durchgeschüttelt werden, einander ins Gesicht atmen und fetten Läusen als Futter dienen?

Sie prügeln sich, diese Esel! Ein dicker Jude versetzt der Mutter von Genė einen Schlag mit dem Stock, weil sie sich an ihn gelehnt hat. Idioten – Pest und Cholera! Sie werden bald krepieren und zerfleischen sich trotzdem gegenseitig voller Hass. Wären im Waggon wenigstens ein paar Menschen weniger, könnte man besser atmen. Geschrei. Hysterie. Vielleicht werde ich ersticken. Ich träume, obwohl ich nicht schlafe. Die Reise dehnt sich ins Unendliche. Plötzlich beherrscht mich der Wunsch, der Zug möge entgleisen und die Waggons auseinanderbrechen, damit ich endlich frische Luft bekomme. Ich werde wahnsinnig.

Endlich. Wir sind angekommen. Der Waggon leert sich schnell. Erde unter den Füßen. Meine Beine, nicht mehr ans Laufen gewöhnt, knicken ein. Es regnet. Überall Schlamm. Die Unterkünfte sind 500 Meter entfernt. Wir schleppen unser Zeug hin. In einen großen Raum, unglaublich schmutzig und voller Gestank von dreckigen, schwitzenden Körpern und Lumpen. Nach gut zehn Minuten schlafen die 5000 Menschen in diesem Pferdestall oder vielleicht auch ehemaligem Clubraum ein. Wie angenehm es ist, wenn die Gelenke sich entspannen können. Stille.

Wir erfahren, dass wir uns in Makarow befinden, nicht weit entfernt vom Fluss Angara. Ein umtriebiger und energischer

Mann namens Zienčikas mutmaßt, dass wir wahrscheinlich bald auf Dampfer umsteigen werden. Alle Augen glänzen. Die Vorstellung, nach Amerika ausreisen zu können, beherrscht uns allmählich alle. Manche glauben nicht daran, die meisten aber wollen es glauben. Auch wenn es nicht wahr ist, man kann getrost zwei Wochen in dieser Hoffnung leben, sich ganz der Illusion hingeben, bald frei zu sein. Viele führen zahlreiche Beweise an, die diesen Glauben stärken. Zigmas Steponavičius, ein ehemaliger Student der Akademie für Landwirtschaft, erzählt uns seine Geschichte. Er hatte seine Uhr an irgendeinen Geheimdienstler verkauft. Bald darauf blieb die Uhr stehen. Der Käufer zeterte ärgerlich: »So undankbar sind also die Litauer, man bringt sie an einen guten Ort und sie bedanken sich auf diese Weise.« Ich traue dem Ganzen nicht. Wenn es eine Anordnung gegeben hätte die Litauer umzusiedeln, dann würden jetzt alle mitfahren. Wieso fährt denn Matiukienė, die bei den Leitern der Sowchose so beliebt war, nicht mit? Am Ende werde auch ich vom allgemeinen Enthusiasmus angesteckt. Wir werden also nach Amerika fahren oder in die amerikanischen Gebiete, wie Krikštanis erklärt. Und der ist eine Autorität für mich. Im Moment durchlebe ich eine Phase, in der ich mich gern allen Autoritäten beuge, weil ich selbst keine eigene Meinung habe.

Wir gehen in den Baderaum und beeilen uns. Wir sind sofort losgerannt, als wir hörten, es sei möglich sich zu waschen. Ich, Morkutė und als Dritte, wenn ich mich recht entsinne, Zienčikaitė. Der Baderaum ist groß, wunderbar. Er ist offenbar gebaut worden, um die sich nach Norden oder nach Osten bewegenden Menschenmassen zu säubern. Ein junger, gut aussehender Mann nimmt unsere Sachen in Empfang und fragt woher wir kommen. Als er hört, dass wir Litauerinnen sind, lässt er uns wissen, dass auch schon Finninnen, Estinnen und Ukrainerinnen bei ihm gewesen seien. Er rät uns, sich rasch auszuziehen, weil bald Massen von Frauen hereinstürzen würden. Wir drei Mädchen wechseln erstaunte Blicke. Wir sind überrascht und erkundigen uns, wieso hier keine Frau arbeitet. »In der Männerabteilung arbeitet eine Frau«, antwortet er und grinst. Alles klar, daran ist nichts zu ändern: Wir ziehen uns aus und händigen ihm der Reihe nach unsere Kleidung aus. Diese wird zur Desinfektion und Vernichtung der Läuse an einen Haken gehängt. Nach dem Baden fühlen wir uns nicht nur vom Dreck, sondern auch von der Erschöpfung befreit. Der Schönling gibt uns unsere Kleider zurück und gratuliert uns mit einem reizenden Lächeln, die Badeprozedur erfolgreich absolviert zu haben. Wir ziehen uns ohne Eile an und verabschieden uns herzlichst von ihm. Am selben Abend werden wir mit den Lastwagen einige Kilometer weiter an die Ufer der Angara gebracht. Wir wohnen in zwei riesigen Holzscheunen. Die Hälfte von uns passt nicht rein und übernachtet draußen. Hier bleiben wir eine Woche. Ich schaffe es sogar, mit dem Zug nach Tscheremchow zu fahren und verkaufe dort einige unserer Habseligkeiten. Ich kehre mit Mehl, Butter und anderen Lebensmitteln zurück.

Die Abende an diesem Ort sind einzigartig. Nach Sonnenuntergang werden die Lagerfeuer angezündet. Wir wohnen mitten im Wald, erst sammeln wir Holz, dann lassen wir die Feuer bis in die frühen Morgenstunden brennen. Dort kommen alle zusammen – jung und alt. Auf einer riesigen Fläche verteilen sich die kleinen, flackernden Punkte. Tausende von Litauern singen und vergessen vorübergehend ihre Sorgen. Der Wald bebt, bewegt von den kraftvollen Liedern. Das erste ist meist die Hymne der Deportierten »Leiskit į tėvynę«.* Ich bin nicht sehr musikalisch und nicht besonders sensibel, aber dieses Lied rührt mich sehr. Es ist gut möglich, dass für jemanden, der die

* *Lasst uns in die Heimat zurück.* (*im Original Litauisch*)

Deportierten in den Wäldern von Angara singen gehört hat, später keine Chormusik und kein Lied je wieder an die dort erlebte Schönheit heranreichen konnte. An einem Lagerfeuer beginnt es, an einem anderen wird sofort eingestimmt, so geht es weiter und weiter – bis der große Wald mit traurigen, wehmütigen und melodischen, litauischen Liedern erfüllt ist. Man hat das Gefühl, zu Hause zu sein und die Tränen fließen. Durch die Lieder fühlen wir uns verbunden, sie geben uns Kraft und zeigen uns, dass uns noch vieles bevorsteht, dass wir noch vieles aushalten und meistern müssen. Die Lieder bringen Litauen nah, wenn auch nur für einen kurzen Augenblick, sie stärken die Hoffnung auf Rückkehr. Ich weiß nicht, was in den Köpfen der anderen vorgeht, aber ich frage mich immer wieder – wenn ich die vom Gesang bewegten Deportierten sehe – wie viele von uns wohl niemals die Rückkehr in die Heimat erleben werden ... Ein bedrückendes Unbehagen überfällt mich: Es ist, als sähe ich den Schatten des Todes über vielen Köpfen. Vielleicht war das die Vorahnung eines Kindes. Aber sie wurde wahr. Mich wundert nur, dass mir nie eingefallen ist, ich selbst könnte auch sterben. Heute denke ich, dass in genau diesen Tagen ein tiefer Glaube in mir entstanden war – was auch immer kommen mag, ich werde es überleben und basta. In diesen Tagen wuchsen in mir eine Hartnäckigkeit und Trotz, ja, ein starker Wille, für mein Leben zu kämpfen. Kämpfen und gewinnen. Ich glaubte fest daran, dass ich überleben würde.

Wir werden auf Schiffe verfrachtet. Es sind Dampfer. Zwei Tage lang schippern wir die schnell strömende Angara hoch. Sonnige Tage, am Fluss entlang erstreckt sich eine wunderschöne Uferlandschaft, mein Kopf ist leer, will an nichts denken. Nach einiger Zeit legen wir erneut am Ufer an, steigen aus, dann fängt es an zu schütten. Warum regnet es immer wenn wir rausmüssen?

Dalias Eltern:
Pranė Grinkevičienė (1898–1950 in Kaunas) und Juozas Grinkevičius (1882–1943 im Lager im Nördlichen Ural)

Das Ufer ist steinig, in wenigen Stunden ist es von uns besiedelt. Der Dampfer mit den angehängten Lastkähnen wendet und fährt zurück, um die Übrigen zu holen, die nach Makarow müssen. Es dämmert. Kleine Lagerfeuer flackern hier und da. Wir kochen uns Brei, um die Bäuche mit irgendetwas zu füllen. Der Wald ist weit weg, kein Brennholz in Sicht – weit und breit ist nur ein kahles steiniges Feld mit verstreuten litauischen »Zigeunern« zu sehen. Wir holen unsere Lumpen aus den Säcken und bauen uns daraus »Betten«. Alles ist feucht, durchnässt. Es ist unangenehm kalt, aber die Luft ist frisch. In unserer Kolonie wird es still. Wir legen uns nebeneinander und decken uns mit allem, was wir haben, zu. Ich atme unter meiner Decke – die sich durch meine Körperwärme trotz des Regens erwärmt. In ihren Falten sammelt sich das Wasser, sickert langsam auf meine Knie. Mein Haar wird vom ostsibirischen Regen gewaschen.

Klare, kalte Nacht. 500 Litauer in Zajarsk.

»Habe ich es nicht gesagt? Das ist doch vollkommen klar, klar wie Kloßbrühe, meine liebste Bronė, wir irren uns nicht – wir fahren in die amerikanischen Gebiete«, erzählt Krikštanis aufgeregt seiner Frau, als er sieht, wie die Menschen auf Lastwagen geladen und am Ufer entlang zur Anlegestelle an der Lena gebracht werden. Krikštanis ist der Älteste von unserem Waggon. Obwohl wir jetzt eigentlich nur noch ein kleiner Teil all der Menschen sind, die damals in einem Waggon zusammen bis Makarow fuhren, bekommen wir unser Essen immer noch pro ehemalige Waggonzugehörigkeit zugeteilt. Krikštanis ist das schwarze Schaf unter uns, er reist freiwillig mit. Am 23. Juni, als die Deutschen Vilnius bombardierten, war er mit Frau und Sohn ins Landesinnere der Sowjetunion geflüchtet. Aus Angst vor der Mobilisierung der Sowjettruppen floh er dann immer weiter. Gorki, Moskau, Saratow, Taschkent, Barnaul. Als er hörte, dass es einen Transport mit Litauern gibt, hat er sich uns freiwillig angeschlossen – nahm also Kurs auf die »amerikanischen Gebiete«.

»Ich bin ein Demokrat«, erklärt er uns, und rückt mit zwei gespreizten Fingern seinen Zwicker zurecht.

»Ich habe gekämpft und ich werde kämpfen für die Interessen der Mehrheit – das ist mein Lebensmotto.«

Krikštanis hat drei Jahre im Gefängnis in Kaunas gesessen, weil er im Pajaujis-Prozess involviert war. Sonst ist nichts sympathisch an ihm. Aber zu seiner Familie ist er nett. Einmal, ich erinnere mich, wurden wir in Bijsk aufgefordert einzusteigen – alle waren zu den Waggons gestürzt als hätten sie Angst, man könne sie zurücklassen, wenn sie zu spät kommen. Deswegen standen wir später in den Waggons so dichtgedrängt wie Salzheringe im Fass. Krikštanis hatte sich von Anfang an geschickt angestellt – er drängelte sich erfolgreich zum Güterzug vor, indem er sich an der Halterung des roten Waggons festhielt und drängte die anderen dann zielstrebig mit Beinen und Füßen, mit seinem ganzen Körper so zur Seite, dass er selbst als Erster in den Zug gelangte. Damals, ich stand etwas entfernt und beobachtete das, begriff ich – dieser Mensch geht über Leichen, um sein Ziel zu erreichen.

Alle zehn bis fünfzehn Minuten kommt ein neuer Lastwagen. Zwanzig Menschen klettern mit ihren Kindern und Habseligkeiten obenauf und verschwinden rasch in einer Staubwolke. Der Tag ist heiß. Nirgendwo Schatten. Wir haben alle unsere Sachen trocknen können. Am Abend ist nur noch ein Viertel unserer großen Gruppe übrig. Am leeren Ufer. Langsam wird es kühl. Wenig später ist es ganz kalt. Ich decke mich mit meinem Wintermantel zu. Die Lagerfeuer brennen verteilt auf einer riesigen Fläche. Sie brennen vor sich hin, zurückgelassen von Menschen, die es nicht mehr geschafft haben, etwas für sich zu kochen, weil die Lastwagen gekommen waren und sie abholten. Die im Feuer liegenden, von irgendwoher geklauten Baubretter, sind fast verbrannt. Vor einem der Lagerfeuer sitzt ein Mädchen meines Alters. Ich stelle mich auf die andere Seite des Feuers. Das Mädchen trägt die Uniform einer Pfadfinderin, so wie ich, sie wirkt sehr lebendig, hat blaue Augen. Blonde Zöpfe. Eine typische Litauerin, denke ich.

»Ich habe dich in der Baracke in Makarow gesehen. Bist du aus Kaunas?«

»Ja, aus Kaunas. Und du?«

»Aus Šiauliai.«

Wir mustern einander, mehr reden wir aber nicht. Ich gehe weiter und sehe, wie ein Lastwagen kommt und meine neue Bekannte aufsteigt. Der Lastwagen braust los. Das war's also. Werden wir uns jemals wieder sehen? Das Leben hat uns später tatsächlich noch zusammengebracht, unter sehr bizarren Umständen.

Am nächsten Morgen, gegen halb fünf, es beginnt zu dämmern, kommt ein Lastwagen für unsere Gruppe. Wir klettern hinauf. Nicht der ganze Waggon, nur 25 Menschen passen drauf. Ich erinnere, auf dem Lastwagen saßen Krikštanis, Noreikienė mit ihrem Sohn Dalius, Nausėdienė und Jasinskienė mit Tochter Dalia, Albertas Janonis mit seiner Mutter, Dovydaitienė mit ihrer Tochter Birutė, Žukienė, Grockis und noch andere. Nach einigen Minuten schon fahren wir den anderen Lastwagen auf einer Landstraße hinterher. Es ist ein heißer 25. Juli. Heute sollen wir eine größere Strecke (von etwa 300 km) zwischen den Flüssen Angara und Lena zurücklegen. Die Lastwagenfahrer sind routiniert, sie fahren allerdings mit einem irrwitzigen Tempo, in den Kurven liegt der Lastwagen ganz schräg, wir schreien auf. Ich flehe unseren Fahrer an, ein bisschen langsamer zu fahren, nicht schneller als 90 Kilometer pro Stunde. Daraufhin steigt er während der Fahrt aus seiner Kabine, auf das außen liegende Trittbrett, lässt das Lenkrad los (die Geschwindigkeit ist sehr hoch) und schaut uns an. Als er sieht, wie kreidebleich wir sind, hört er mit seinen Scherzen auf. Es ist drückend heiß. Wir fahren durch die Wälder, sehen viele Tiere aber keine Menschenseele weit und breit und das in einem Umkreis von 300 km. Riesige Bäume liegen umgestürzt und unberührt seit Jahrhunderten. Wald, Wald, Wald überall – dicht gewachsene, mächtige, undurchdringliche Wälder, in die noch kein Mensch seinen Fuß gesetzt hat. In der Sowjetunion herrscht aber Mangel an Papier. Weit weg, in Stalingrad, bereiten sie sich aufs große Gefecht vor, mobilisieren die Truppen, dröhnen mit Militärflugzeugen und Kanonen – hier herrscht Stille, nur der Lastwagen bringt die litauischen Deportierten an die Lena. Kein Trinkwasser. Es ist schwül. Der Staub verklebt unsere Gesichter, unsere Augen, die Münder, durchdringt unsere Körper. Albertas und mich – wir haben es uns ganz hinten zwischen den Bündeln bequem gemacht – streift kühlender Wind.

Plötzlich kreischt Jasinskienė mit einer grauenhaften Stimme auf, ihre Augen sind weit aufgerissen, heftig stößt sie ihre zweijährige Tochter Dalia von sich und fängt an, sich selbst zu würgen. Die Männer versuchen ihre Hände wegzureißen, sie aber drückt weiter krampfhaft ihren Hals zu, auf ihrer Stirn quellen blaue Adern hevor. Schließlich wird sie überwältigt. Irgendwoher kommt Wasser, wir waschen ihr Gesicht, geben ihr etwas zu trinken. Die Frau wird wieder normal, sie drückt und küsst ihre kleine Dalia wieder und wieder, ihr Lebenswille ist zurückgekehrt. Ach, diese Nerven. Es ist so schwer sie zu beherrschen, besonders wenn du ein Deportierter bist.

Gegen drei Uhr am Mittag halten wir an. Alle laufen sofort in den Wald. Eine rote Decke, so weit das Auge reicht – Beeren.

Wir erfrischen uns und löschen unseren Durst. Nach einer zweistündigen Pause rasen wir weiter. Nur bergab und weiter bergab. Der verrückte Fahrer fährt keineswegs langsamer, wir nähern uns dem Fluss Lena. Es ist schon Abend. Nacht. Kalt. Der Lastwagen dröhnt unentwegt. Es ist gruselig. Albertas und ich sehen auf beiden Seiten der Landstraße einen dunklen, finsteren, undurchdringlichen Taigawald. Es ist angenehm, so neben Albertas am hinteren Ende des Wagens zu sitzen, in die Dunkelheit zu rasen, über die unendlich weite Taiga ohne Anfang und ohne Ende. Er ist ein junger Mann mit einer schönen Seele. Ein Schauspielschüler aus Šiauliai. Er hat, glaube ich, sein Studium schon beendet. Er liebt die Natur, die Menschen, er hat eine zarte, zerbrechliche Seele. Er erinnert mich irgendwie an die Romanfigur Aljoscha aus Dostojewskis »Erniedrigte und Beleidigte«. Albertas ist ein junger, sehr schlanker Mann, blond, mit einem schönen Gesicht und blauen Augen. »Das Theater, Dalia – das ist mein Traum, mein Lebensziel, es ist für mich Alpha und Omega. Wenn der Krieg vorbei ist, werde ich auf die Bühne zurückkehren, ich werde Charaktere spielen, die zu einem schönen Leben inspirieren, die edle Gefühle wecken. Das Leben ist doch so schön, wundervoll und interessant«, sagt Albertas zu mir und seine himmelblauen Augen brennen und lachen gleichzeitig. Ich will jetzt schlafen. Wir nähern uns Ust-Kut. Das ist ein Hafen an der Lena. Es ist morgens, halb sieben. Nach genau vierundzwanzig Stunden Reise erreichen wir Ust-Kut. Der Lastwagen rollt in eine Zeltstadt ein. Wir kriechen in das erstbeste Zelt und schlafen sofort.

Zwei Wochen verbringen wir hier, warten auf einen Dampfer. Zwei »Ladungen« sind schon mit der »Moskva« und »Lermontow« abgefahren. Die »Amerika-Auswanderungs-Theorie«

steht immer noch hoch im Kurs. Wer ihr keinen Glauben schenkt, wird als Pessimist, Dummkopf, Miesmacher und Nörgler abgetan. Die Menschen sehnen sich offenbar danach, selbst geschaffenen »heilige Wahrheiten« zu glauben. Gut, man soll ihren Optimismus nicht zerstören. Die Tage sind schön und warm, wir gehen baden, bekommen reichlich zu essen. 500 g Brot pro Person, dreimal Graupengrütze. Wir gehen sogar ins Dampfbad – es ist wie ein Kurort. Unsere Nachbarn im Zelt sind die Familie von Professor Vilkaitis. Einmal war ich etwas taktlos. An diesem Tag gingen alle Beeren sammeln – ich blieb zurück. Der Professor fragte mich, warum ich nicht mitkäme.

»Ich möchte keine Beeren sammeln«, antwortete ich.

»Aber Sie würden viele schöne, interessante Pflanzen dieser Gegend kennenlernen«, gab der Professor nicht nach, lächelte und blickte mich forschend an.

»Ach, diese Botanik – ich kann sie überhaupt nicht ausstehen, sie interessiert mich nicht im Geringsten«, ereiferte ich mich, dann erst fiel mir ein, dass Vilkaitis Botaniker ist und biss mir auf die Zunge. Er lächelte nachsichtig.

»Ich saß mit Ihrem Vater acht Jahre auf derselben Schulbank, er war ein guter Freund – wer weiß, vielleicht sehen wir uns noch einmal.«

»Vielleeiiicht ...«

Auf der anderen Seite im Zelt – die Familie Balčius. Sie sind aus Daugai. Das ist in Dzūkija. Sehr sympathische Menschen. Er war Lehrer und Schützenmeister. Es ist ein Wunder, dass er nicht gesondert in ein Lager abtransportiert wurde. Am Abend erklingen die Lieder – schön, voller Trauer und Heimweh sind die Lieder der Deportierten. Irgendwo weint ein Kind, dessen Mutter sich vor vier Tagen beim Beerensammeln verirrt hat.

Am Ufer der Lena. Die Wellen schlagen dagegen. Der Fluss ist breit. Dort liegen das Dampfschiff »Nadeschda Krupskaja«

und zwei große Lastkähne. In einen von ihnen steigen wir ein. »Die Apostel« dirigieren die ganze Aktion. Die Kähne sind bequem, für den Transport von Passagieren hergerichtet. Jeder hat sogar ein bisschen Platz. Unser Waggon bleibt zusammen – das freut mich sehr. Wir haben uns schon aneinander gewöhnt, sogar ein bisschen angefreundet. Die letzte Nacht verbringen wir am steinigen Ufer. Die Wellen der Lena rauschen. Ich stehe nah am Wasser und schaue auf den Fluss – wie viele Verbannte wurden wohl schon vom russischen Zarenreich diesen Fluss entlang in ferne Verbannungsorte verfrachtet. Wie viele junge, begabte Männer und Frauen haben diese Wellen gesehen und sind nicht mehr zurückgekehrt? Wie viele sind in der Verbannung umgekommen? Wie viel Hoffnung, Sehnsucht, Kampfesgeist haben diese Wellen gesehen und gespürt? Die Verbannung hat den Enthusiasmus dieser jungen Menschen erkalten lassen, hat ihre Gefühle abgestumpft, ihre besten Jahre ausgelöscht, verschlungen. Und wohin geht unsere Reise jetzt? Kann das wahr sein – nach Amerika? In meinem tiefsten Inneren begreife ich, dass ich mich nicht mehr selbst belügen kann – auf dich, Dalia, wartet noch ein langer Kampf, du wirst viel kämpfen müssen – für das Leben, gegen den Tod. Das Flusswasser wird im Dunkel der Nacht schwarz. Die Wellen schlagen gegen das Ufer. Es nieselt.

Vor unseren Augen ständig wechselnde Bilder: Dörfer, Viehherden, Felder, Steppe. Scharen von Kindern spielen am Ufer, baden, rufen uns zu und winken. Nacheinander mehrere sonnige Tage – einer nach dem anderen. »Nadeschda Krupskaja« zieht langsam die Lastkähne die Lena flussaufwärts. Alle sind gut gelaunt. Wir bekommen dreimal am Tag zu essen. Wasser – soviel man will. Alle waschen sich ständig, auch ihre Kleidung – alle sehen jünger, lebhafter aus, sind fröhlich. Die jungen Leute fühlen sich wie auf einem Ausflug, wie in den Ferien. Sie ziehen ihre beste Kleidung an, meist immer noch die Kleider aus Litauen.

Ja, die jungen Leute blühen richtig auf. Es ist, als machten wir hier eine Maifahrt entlang des Nemunas. Hier und da sind Pärchen zu sehen, die sich angeregt unterhalten, hier und da wird geflirtet. Vom ersten Lastkahn ist Akkordeonmusik und Gesang zu hören. Nach einigen Tagen halten wir in Kirensk. Ab hier beginnt Jakutien. Im Hafen bekommt man gegen Geld Zwiebeln, Milch und getrockneten Fisch. Das bedeutet, dass Geld hier noch etwas wert ist.

Wir fahren mit den Schiffen weiter. Vom Nachbarkahn entfernt sich ein kleines Boot. Man bringt eine Leiche ans Ufer, um sie zu beerdigen. Stille überall. Mittagszeit. Ruhe. Und so fast die ganze Fahrt über. Sie dauert einen Monat. Jedes Mal wenn wir anhalten, beerdigen wir am Ufer oder auf den Inseln der Lena ein oder zwei Leichen. Auch im Vorbeifahren sehen wir häufig neue Holzkreuze. Ich drehe mich dann immer um, schaue so lange zurück, bis die Grabstätte des unbekannten Deportierten am sonnendurchfluteten Horizont verschwindet. Ihr werdet hier ewig bleiben, ihr armen Litauer, euer Platz wird nicht an den sonnigen Ufern der Flüsse Nemunas oder Dubysa sein, der heimatliche Wind wird wohl nie über eure Gräber wehen ... Wenn der Krieg vorbei ist, wenn wir überlebt haben, kehren wir vielleicht zurück, ihr aber nie wieder. Nur die Lastkähne und die Dampfschiffe werden gelegentlich an euch vorüberziehen, der ein oder andere Passagier wird einen Blick auf das einsame Grab werfen – blumenlos und verlassen. Allmählich wird auch die Inschrift verschwinden, die an diesem unbewohnten Ort sowieso keiner liest. Merkwürdig – hat dieser Mensch wirklich dafür gelebt, gelernt und gearbeitet, um sein Leben an diesem Ufer zu beschließen? Hätte ihm jemand in Litauen gesagt, dass er hier seine letzte Ruhestätte findet, er hätte kein Wort geglaubt. Wir sind ja im Kern Optimisten. Auch ich schreibe: Ich bin immun gegen Tod oder Gefängnis, und vielleicht werde ich trotzdem irgendwann wie ein toter Hund in der Erde verscharrt.

Ach, ihr sonnendurchfluteten Tage! Wie häufig haben wir uns später in schweren Momenten an euch erinnert – wie an eine Kur. An die Reise auf der Lena. An die Lieder am Abend. Jetzt auch. Am aktivsten sind die Leute aus Marijampolė. Die jungen Leute sind offenbar patriotisch. Ich habe keine Freundinnen, halte mich also mehr unter den Erwachsenen auf.

Žukienė raschelt in einem japanischen, langen Kimono aus roter Seide wie eine Aristokratin über das Schiffsdeck. Auch unter den heikelsten Umständen vergisst sie niemals ihre Maniküre und Gesichtsmassage. Sie schaut auf alle herab, weil sie die Ehefrau eines Oberst ist. Manchmal gleicht ihr Benehmen einer traurigen Anekdote. Unter uns waren zwei jüdische Geschwister – ein Bruder und eine Schwester, ich kann mich nicht mehr an ihre Nachnamen erinnern, nur an den Namen der Schwester – Dora. Sie waren früher Besitzer einer Mühle in Šiauliai gewesen. Žukienė forderte von den beiden Unterstützung und versprach ihnen dafür die Protektion durch ihren Ehemann nach dem Krieg, damit die Mühle wieder aufgebaut werden könnte. Oder sie forderte noch im Altai-Gebiet den kränklichen 15-jährigen Jungen Adolis Ašmontas auf, aus dem Wald Brennholz für sie zu holen – und versprach ihm einen Platz an der Militärakademie. Wie stark muss ihr Glaube an die Macht ihrer Position gewesen sein, wenn sie sogar an einem fernen Verbannungsort glaubte, diese einsetzen zu können? Ihr Ehemann war tatsächlich in Litauen zurückgeblieben, vielleicht hatte er sich rechtzeitig versteckt oder so.

Ein anderer aus unserer Gruppe – Krikštanis – ist der geborene Redner, ohne Zuschauer kann er nicht leben. Sobald sich ein paar Zuhörer um ihn versammelt haben, prophezeiht er gerne, dass die Sowjetunion im Krieg der Verlierer sein wird. Ich frage mich nur, warum er vor dem Krieg geflohen ist.

Der Wald beginnt. Der Fluss wird schmaler, die Ufer sind hoch und steil. Unser Kurs führt gen Norden, unter geografischem Gesichtspunkt ist es sehr interessant – ich sehe alle Zonen: Laubwald, Nadelwald, Taiga, Tundra, alle Übergänge und Veränderungen der Flora kann man hier bestens verfolgen.

Jakutsk. Uns wird gesagt, wir sollen alle aussteigen und unsere Sachen mitnehmen, weil die Schiffe desinfiziert werden. Wir sollen ins Badehaus. Die Kranken können hier bleiben – sie werden in die Stadt gebracht, auf die Krankenhäuser verteilt. Mama ist krank, wir könnten mit ihr zusammen in dieser Stadt bleiben, aber wir drei wollen uns nicht von unserem Waggon trennen, deswegen schweigen wir. Spät in der Nacht kommen wir aufs Schiff zurück. Es liegt mitten im Fluss. Der zweistöckige Dampfer »Pjatiletka« fährt vorbei. Aus den Fenstern fällt Licht, Musik erklingt, ein kühler Windstoß zerzaust mein Haar. Ich blicke gebannt auf dieses märchenhaft schöne Dampfschiff und habe Sehnsucht nach dem schönen Leben. Es gibt also Menschen, die frei sind und auf solchen Dampfern umherfahren, das heißt, es muss auch ein freies, schönes Leben geben. Wieder bemerke ich in mir diese neue Hartnäckigkeit und Kraft, den Willen zu leben, fürs Leben zu kämpfen und zu gewinnen. Ich will das Leben packen und bändigen, damit ich es selbst steuern kann und nicht von ihm in alle Richtungen katapultiert werde. Wir werden noch leben, Dalia, wir werden noch kämpfen. Mit einem argen Feind – dem Leben. Und wir werden nicht aufgeben. Es interessiert mich einen Dreck, dass ich erst fünfzehn bin.

Es vergeht noch eine Woche, zehn Tage. Die Fahrt auf dem Schiff ist nicht langweilig. Ich sitze auf meinem Bündel und gebe vor zu schlafen. In Wahrheit beobachte ich den Flirt von Štarienė mit einem Soldaten. Sie ist eine sehr fromme Frau, zumindest tut sie so, und sie ist eine große Patriotin. Singt irgendwo ein Kind ein aufgeschnapptes russisches Lied, grinst sie dessen Eltern spöttisch an, obwohl sie selbst mit Tscheckisten und Russen rummacht. Mein Bruder hat sie die »süße Genė« getauft. Sie ist bildhübsch, aber hinterlistig – durch und durch. Sie lächelt einem Russen zu, der wirft sich auf sie und knutscht sie ab. Wenn Genė über ihren Mann Bronius redet, der im Lager sitzt, will man glauben, dass da echte Tränen aus ihren blauen Augen kullern. Eine Anhängerin der Jesuiten. Ihre Freundin Prapuolenienė, die jetzt mit ihr zusammen durchs Leben geht, ist regelrecht in Genė verknallt und merkt gar nicht, dass die sie immer belügt.

Wir hören Gerüchte, ein früherer Transport mit Litauern hätte den Hafen Tiksi erreicht, dort seien alle auf Überseeschiffe verfrachtet und verschifft worden – wohin? »Natürlich nach Amerika«, behauptet die »Amerika-Fraktion«. Immer mehr Details tauchen auf: Die Leute hätten sogar ihre Arbeitskleidung ins Meer geworfen, weil es unnützes Zeug sei. Diese Geschichte hätte ein gewisser Seemann aus Tiksi erzählt. (Tiksi ist ein Hafen am Eismeer). Was stimmt nun?

Viel später, als sich das ganze »Amerika-Wunder« längst in Luft aufgelöst hatte und ich nach Tiksi kam, um in die Schule zu gehen, habe ich alles verstanden. Ich habe begriffen, dass an diesen Gerüchten ein Körnchen Wahrheit war. Die Überseeschiffe hatten unsere Landsleute damals nur bis zur Mündung des Flusses Jana gebracht, wo viele gestorben sind. Ihre Sachen hatten sie tatsächlich ins Meer geworfen, voller Hoffnung, nach Amerika zu kommen.

Inzwischen nähern wir uns Bulun. Wir dringen immer weiter nach Norden und bekommen das raue Klima zu spüren. Die sonnigen Tage sind vorbei: Der Fluss schlägt häufig große Wellen, es gibt starke Windböen. Die Wälder lichten sich, die Bäume werden immer kleinwüchsiger. In Bulun – einem Rajonzentrum – trifft uns der erste Schlag: Ein Teil von uns muss aussteigen. Wo bleibt Amerika?

Wir fahren weiter. Tit-Ary und eine Fischverarbeitungsfabrik. Wieder müssen ein paar Hundert aussteigen. Genė Morkutė – ein Mädchen mit »flinken Händen«, einer Neigung zur Kleptomanie, gibt die Hoffnung nicht auf und beim Aussteigen ruft sie uns zu: »Das ist nicht schlimm, wir werden hier nur das Badehaus besuchen und dann – dann geht es auf die amerikanischen Dampfschiffe. Das ist wirklich wahr.« Ach, diese »wirklichen« Wahrheiten, ich kann es nicht mehr hören, dieses »wirklich«. Wenn zweihundert Menschen mit ihren Habseligkeiten aussteigen müssen, heißt es sofort, sie würden ins Badehaus gehen. Es ist traurig, dass es in Wirklichkeit ein teuflisches Badehaus war, in dem viele bald umgekommen sind, immer noch in Erwartung der amerikanischen Dampfer.

Wir verlassen Tit-Ary. Was ist das? Bäume sind selten und die Pflanzenwelt verschwindet allmählich. Direkt hinter Tit-Ary sind die sibirischen Lärchen nur 40–50 cm groß, später sind auch die weg. Die Tundra beginnt. Wir sehen einen Bären, der phlegmatisch unsere Karawane anschaut, als seien wir ihm ziemlich egal.

Der Felsen von Stolby. Einhundert Meter hoch. Wieder verlassen hundert Menschen das Schiff. Ich sehe wie die litauischen Familien das Ufer erreichen. Mit dem rauen Wind gelangt Sand in meinen Mund und meine Nase. Der Fluss tobt, die Plankenleiter des Schiffes wird vom Wind hin- und hergerissen. Der ganze Ort Stolby besteht aus zwei Zelten.

Wir entfernen uns vom Ufer, von »Amerika« und lassen hundert Menschen auf ihren Bündeln hockend hier zurück. Mit

Pranė Grinkevičienė mit ihren Kindern
Juozas (1924–1984) und Dalia in Palanga
an der Ostsee, 1929

ihren kleinen Kindern. In einem Sandsturm. Einige Stunden später halten wir an.

Ein steiles Ufer. Hier liegt bereits ein Lastkahn, der vorher angekommen war. Die Menschen schleppen Ziegelsteine auf ihren Rücken. Am Ufer stehen schon Zelte und zwei unfertige Häuser aus Holz – fensterlos, ohne Decken, ohne Fußböden. Es ist der 28. August 1942. Die Lastkähne werden gleich anlegen und ich betrachte dieses »Amerika«, in das wir jetzt aussteigen müssen. An der Lenamündung weht ein bissiger, rauer Wind. Der Fluss ist weiß von Schaum. Keine Pflanze weit und breit. Nur ein kahles, verlassenes Ufer. Das ist also das Ziel unserer Reise. Ein »Apostel« gibt uns den Befehl, den Lastkahn zu entladen. »Nu wot, priechali. Schto nenrawitcja?«*, fragt er ironisch und grinst. Ein schlechter Witz – man muss ein echter Zyniker sein, um sich über die Frauen und ihre Kinder lustig zu machen, die hier an die Lenamündung gebracht wurden und dort auch noch überwintern sollen.

Schon sind wir am Ufer, eher – am Fuße des Ufers. Wir schleppen unsere Sachen das unbefestigte Ufer hoch. Der Sand zieht uns nach unten, wir rutschen und fallen mit allem hin. Wir sind nicht besonders gesprächig, bedrückt. 450 Litauer stehen mitten in der arktischen Tundra und suchen nach der »Stadt«.

»Wo sollen wir denn wohnen?«, fragen wir einen gut gekleideten Mann, offensichtlich irgendeinen bessergestellten Vorgesetzten.

»Ihr werdet es euch selbst bauen«, antwortet er mit einem Lächeln. – »Ihr habt es gut, ihr findet hier zumindest ein paar Zelte vor. Als wir vor zwei Wochen ankamen, haben wir nackten Boden betreten. Hier war nur ein Schild einer früheren

---

* *Na, wir sind also angekommen. Was, gefällt es euch nicht?*

Expedition: dass an dieser Stelle ein Ribsawod errichtet wird und dass dieser Ort Trofimowsk heißt.«

Wir merken, er ist stolz auf sich, als er erzählt: Wir sind also die Polarbezwinger, wir werden in der Tundra neue Städte aus dem Boden stampfen.

Ich blicke mich um, mich packt blankes Entsetzen. Weit und breit Tundra, Tundra, nackte Tundra und nochmals Tundra – nicht ein Pflänzchen soweit das Auge reicht, nur Moos. In der Ferne erkenne ich die Umrisse eines Bergs mit Kreuzen. Ich erfahre, dass es Gräber von Finnen sind. Sie wurden vor zwei Wochen hierher gebracht. Sie waren noch entkräftet von der Leningrader Blockade, ausgehungert, litten an Typhus – und starben. Es überläuft mich eiskalt. Ich ahne schon, hier wird ein »Sawod« des Todes errichtet, kein »Ribsawod«. Der Dampfer tutet unheilvoll und löst sich vom Ufer. Mit unseren leeren Kähnen im Schlepptau laviert er zwischen den vielen Flößen und Baumstämmen im Wasser.

Grauenvoll. Ich möchte mich am liebsten an einen der Lastkähne klammern und schreien: »Lasst uns, lasst uns nicht hier, wohin habt ihr uns gebracht!«, aber die Lastkahn-Karawane entfernt sich, wir bleiben auf der unbewohnten Insel Trofimowsk zurück, auf der bald der zehnmonatige Polarwinter anbrechen wird.

Aber man muss irgendwie weiterleben. Wir stehen auf einem leeren Platz, als schon wieder dieser Herr von vorhin kommt und uns befiehlt, die Ziegel aus dem verbliebenen Kahn auszuräumen. Wir erfahren, das ist Sventickis – der Bauleiter des zukünftigen »Zavods«.

»Wo sollen wir denn schlafen?«, fragen wir ihn.

»Geht mal die Ziegel ausräumen, dann werdet ihr schneller einen Platz zum Schlafen haben. Alle zu den Ziegeln!«, brüllt er und eilt weg.

Die einen räumen die Ziegel aus, die anderen – Bretter und das restliche Baumaterial. Ich steige tief in den Laderaum hinunter und bekomme ein Seil, um die Ziegel zusammenzubinden. Ich sehe, dass Männer wie Stankevičius und Krikštanis 12 bis 15 Ziegel tragen, ich aber schaffe nicht mehr als sieben auf einmal. Der Ablauf ist wie folgt: Man muss etwa drei Meter auf der steilen Leiter aus dem Laderaum klettern, dann gelangt man über das Oberdeck zur Plankenleiter und über diese dann ans Ufer. Danach noch mal 10 Meter das steile Ufer hoch. Am Ufer schichtet jeder seinen eigenen Block von 250 Ziegeln. Für tausend Ziegel bekommt man 80 Rubel. In 12 Stunden schaffe ich 250 Ziegel. Als ich zurückkomme, teile ich meiner Mutter freudig mit, dass ich heute zwanzig Rubel verdient habe. Die Arbeit verlief reibungslos. Die litauischen und finnischen Rücken haben ganze Berge von Ziegeln und Baubrettern geschleppt, auch die Bretter für Holzfässer und Radkränze. Sogar Kungassen und kleine Fischerboote. Die Litauer haben im Windschatten unter den Kungassen übernachtet. Die Finnen haben Unterschlupf in fensterlosen, dunklen Zelten aus amerikanischen Mehlsäcken gefunden. Diese Zelte schützen weder vor Wind noch vor Regen. Die Zelte und deren Eingänge sind voll mit Kranken, sie schlafen auf der nassen Tundra-Erde und liegen unbeachtet im Sterben. Der Typhus befällt auch die Litauer sofort. Die Läuse krabbeln sogar auf den äußeren Kleidungsschichten in Scharen. Es ist September, man kann die Tage zählen – die Erde wird duch den Frost erst hart, dann folgen die ersten Schneestürme.

Jeder, der noch lebt und sich bewegt, arbeitet auf der Baustelle. Aus Holz wird ein Krankenhaus gezimmert und noch ein zusätzliches großes Gebäude errichtet. Zehntausende Baumstämme treiben im Wasser. Sie müssen dringend ans Ufer geholt werden, aber dafür ist niemand mehr übrig.

Das Krankenhaus wird zuerst in einem kleinen Zelt untergebracht, wo eine russische Ärztin die Kranken empfängt. Es gibt keinen Platz, die Kranken richtig unterzubringen, sie sacken häufig direkt neben der Ärztin zusammen und kommen nicht mehr hoch.

Eine Bäckerei gibt es nicht. Jeder bekommt 350 g Mehl. Wohin damit – wo soll man kochen oder backen? Wieder gibt es Lagerfeuer und kleine Außenöfen, aus ein paar Ziegeln gebaut.

Geplant ist ein großes Ziegelgebäude. Wir haben eine Fläche von 25 × 150 m gesäubert und beginnen sofort mit dem Fundament. Wir sind selbst die Architekten, Ingenieure, Bauleiter und Arbeiter. Wir bauen direkt auf dem Tundra-Boden, auf den schon der erste Schnee fiel. Für die Außenwände legen wir die Ziegel aufeinander. Die oberste Erdschicht geht noch, nach etwa zehn Zentimetern beginnt der Dauerfrostboden. Sogar im Sommer muss man gefrorene Erde aufhacken, wenn man einen Menschen beerdigen will. Wir mauern die Außenwände fünfzig Zentimeter breit. Im Innenraum mauern wir Wände, die die einzelnen Zimmer in der Baracke voneinander abtrennen sollen. Eine Schicht Ziegelsteine, eine Schicht Moos, eine Schicht Ziegelsteine, eine Schicht Moos – das ist schon unsere ganze Baukunst. Das Moos müssen wir aus der fünfhundert Meter entfernten Tundra holen. Wir tragen es in Säcken auf dem Rücken, reißen es mit bloßen Händen aus. Die Haut an meinen Händen hat sich abgeschält, sie sind durchgefroren und werden steif. In der Nähe ist ein Hügel, ein halbtoter Schindgaul bringt die Toten dorthin. Damals waren es noch wenige Tote, zwei, drei am Tag – also konnten wir ihnen die letzte Ehre erweisen – die Grube aushacken und sie wie Menschen beerdigen. Ich renne zum Moos, mir ist kalt – ich habe weder Filzstiefel noch eine Wattehose. Seidenstrumpfhose, Sommerschuhe, ein kurzes

Kleid und einen Sommermantel, aus dem ich rausgewachsen bin – das ist meine Kleidung, wie bei den meisten Litauern hier. Aber wenn ich den Sack mit Moos auflade und zur Baustelle trage, wird mir warm. Ich empfinde sogar eine Art moralische Befriedigung, weil ich selbst das Haus baue, in dem ich wohnen werde. Die roten Wände wachsen schnell. Bald ist der ganze Bau fertig. Wir beziehen ein Zimmer in der Baracke. Wir bringen Bretter mit und zimmern an drei Wänden entlang Pritschen; die vierte Wand mit der Tür und zwei dunklen Fenstern bleibt frei. Die Decke fehlt noch. Wir holen weitere Bretter und basteln daraus eine Decke und ein Dach in einem. Das Dach ist flach. Wir werfen noch etwa zwölf Kubikmeter Moos obenauf, noch ein bisschen Erde und schon wohnen wir drin. Das Zimmer ist groß. Circa acht Meter breit und fünfundzwanzig Meter lang. Unser Waggon wohnt wieder zusammen. Auf den Pritschen ist wenig Platz, deswegen misst Krikštanis, der ja immer und überall auf Gerechtigkeit bedacht ist, jedem fünfzig Zentimeter ab. Wir drei bekommen eineinhalb Meter, breiten unsere Lumpen aus und freuen uns, vom Wind geschützt zu sein, obwohl wir dem Regen immer noch ausgesetzt sind.

In die Mitte des Zimmers bauen wir einen Ofen. Er besteht aus einer in zwei Teile zersägten Petroleumtonne aus Eisen mit einer ausgeschnittenen kleinen Tür für den Brennstoff. Wir stellen diese halbe Tonne mit der Öffnung nach unten auf den Boden, befestigen daran ein Rohr und sägen ein Loch in die Decke des Zimmers, dann zerhacken wir die gestohlenen Baubretter und wärmen uns am Ofen. Das also ist unsere Einweihungsfeier. Die Tonne leuchtet rot vor Hitze, die trockenen Baubretter knistern. Die Luft in der Baracke ist voller Gerüche: von stinkenden Fußlappen, die jetzt trocknen und von muffiger, einen Monat lang nass gebliebener Kleidung, die zu modern begonnen hat.

In unserem gemauerten Gebäude gibt es zwanzig solcher »Zimmer«. Überall ist es genauso eng. Hier wohnen Finnen, Litauer, Jakuten.

Wir merken, der Winter ist nah. Unsere Siedlungsleitung beeilt sich die Bauarbeiten zu beenden und die restlichen Baumstämme aus dem Wasser zu holen, weil das Ufer allmählich mit Eis bedeckt ist und in der Tundra fällt der erste Schnee. Wir holen also die Baumstämme aus dem Wasser und bringen sie ans Ufer. Das Wasser ist eiskalt und tut weh. Die durchnässte Kleidung wird steif, die Handschuhe sind steinhart. Wir arbeiten ununterbrochen – machten wir Pausen, würden wir sofort steif. In jeder Brigade tragen zwei Personen lange, bis zur Hüfte reichende Gummistiefel. Sie stehen im Wasser, wenden die Baumstämme, dann bekommen wir sie zugeführt und rollen sie ans Ufer. Wir sind nass und voller Dreck.

In der Nähe liegen ein paar Kungassen. Sie werden mit riesigen Netzen, Zelten, Lebensmitteln, Gegenständen und Rudern beladen. Vier frisch zusammengestellte litauische Brigaden fahren nach Sardach, um zu fischen. Sie steigen in die Boote und legen geräuschlos ab. Mein Bruder winkt mir zu. Wie soll man denn Fische fangen, wenn auf dem Fluss schon Eis schwimmt?

Die letzte Karawane ist angekommen. Zwei große Lastkähne, voll beladen mit amerikanischer Ware. Tag und Nacht laden wir die kostbaren Güter aus. Am Ufer türmen sich neben Bergen von Brettern und Ziegelsteinen riesige Stapel von weißen amerikanischen Säcken, Fässern mit Butter, Kisten mit Konserven. Die Männer tragen zwei Säcke auf einmal. Mir wird ein Mehlsack aufgeladen. Ich mache einen Schritt. Vor meinen Augen wird es plötzlich dunkel, an meiner Leiste fühlt es sich an, als hätte man mich mit einem Messer geschnitten – ich merke, wie ich schwanke. Als ich zu mir komme, liege ich auf dem Deck; der Sack hat mir beim Sturz die Schulter verrenkt.

»Wie alt bist du?«

»Fünfzehn.«

»Merkwürdig, du bist fünfzehn Jahre alt, kannst aber nichtmal einen Sack heben. Bei uns schaffen das sogar Zwölfjährige. Ein verkommenes Volk seid ihr.«

Der Arbeitsaufseher teilt mich für das Tragen von Konservenkisten ein. Der Lastkahn schaukelt, die Plankenleiter schwingt hin und her, es ist rutschig, die Kisten sind nicht gut zu tragen und bleischwer; Schmerzen in meinem Bauch. Ich schleppe sie den Berg hoch, staple sie aufeinander und kehre wieder zurück. Unten sehe ich dann, wie zwei Litauer, ganz blass im Gesicht, mit dem Messer eine Konservenbüchse öffnen und essen, sie verschlingen den Inhalt. Die offene Dose legen sie unbemerkt auf den Stapel zurück. Und überall bekommen die Säcke Löcher, aus ihnen rieselt Mehl, Getreide, Zucker, Erbsen, die Butterfässer gehen kaputt. Wir essen Erbsen, stopfen unsere Innentaschen mit Mehl voll, rennen ständig in die Baracke, um uns »aufzuwärmen« – auf diese Weise schaffen wir in den Taschen und unseren Handschuhen an einem Tag zwei bis drei Kilogramm Mehl und Getreide nach Hause. Direkt hinter der Außenbordkante eines Lastkahns steht irgendeine Litauerin und stopft sich Mehl in den Mund. Dort wird das Mehl zu Teig – immerhin ist es eine Art Nahrung. Wer Zugang zu Nahrungsmitteln hat, nutzt ihn. Als ich abends nach Hause gehe, sehe ich unter der Plankenleiter zwei weiße Säcke. Bestimmt werden sie später in der Nacht abgeholt. Der Lastkahn ist ausgeladen. Der Verantwortliche für den Lagerraum, Este Kespaiko, hat die Säcke bestimmt gesehen, hat aber so getan als ob er sie nicht bemerkt hätte. Er hat uns ja vorher ganz klar gesagt: »Nehmt und tragt alles zu euch, solange es auf dem Lastkahn ist. Ist die Ware erst am Ufer, gebe ich sie nicht mehr frei, weil ich ab dann für sie verantwortlich bin. Passt nur auf, dass der Skipper euch nicht erwischt.« Der Dampfer hat die leeren Lastkähne nach Konstantinowka geschleppt, zwei Kilometer weiter zu der Fischverarbeitungsstätte oder »Fischfabrik«, wie wir sie nennen. Wir müssen auch dorthin, um die Ware zu verladen. Wir sollen schwere Tonnen mit rohem Fisch an Deck befördern. Als wir in der Konstantinowka ankommen, trauen wir unseren Augen nicht: Die Verarbeitungsstätte – das sind unter freiem Himmel stehende Tische, an denen mit blutigen, durchgefrorenen, steifen Händen Finninnen Fische ausnehmen.

Ein beißender, rauer Wind treibt die Schneemassen. Man sieht kein Ufer mehr, alles verschwindet im Schneewirbel. Nur das Tuten des Dampfers ist zu hören. Die letzte Karawane bricht das Eis am Ufer und verlässt Trofimowsk. Noch einmal glitzern die mit Schnee bedeckten Tonnen auf dem Schiff vor uns, rundherum nur Schnee, Schnee. Morgen, übermorgen wird der Fluss ganz zum Stehen kommen. Wir werden völlig von der Welt abgeschnitten sein, in einer unbekannten Klimazone. Ich renne so gut ich kann und orientiere mich an der Uferkante. Vor mir läuft Noreikienė. In ein Tuch gehüllt schützt sie ihr Gesicht vor dem Schnee, der uns ins Gesicht peitscht. Mein Gesicht brennt. Wir sinken in den Schnee ein, darunter ist Wasser. Wir rennen weiter mit nassen Füßen, die Beine bis zu den Knien vereist, wir rennen und rennen. Verrückte Milė, sie macht gerne Späße, will mich aufheitern und zieht deswegen ihr Bein aus dem übergroßen Männerstiefel: Ihr Bein ist fast nackt, der Fußlappen nicht mehr fest gewickelt, die gerötete Ferse leuchtet. Ich muss lachen, wir rennen weiter. Ich spüre, wie die Kälte schmerzhaft in meine Oberschenkel, meine Knie kneift. Gott, sei unser Halt, lass uns nicht umkommen, der Polarwinter ist da!

Ich gehe raus, um meine natürlichen Bedürfnisse zu erledigen. Nebenan steht eine Baracke leer, fensterlos und ohne

Decke – ein geschützter Ort. Ich springe durch die Fensteröffnung und will mich eben an einem windstillen Ort einrichten, um mich zu erleichtern. Der Schnee reicht mir bis zu den Knien. Plötzlich stolpere ich über etwas, ich beuge mich vor. Dort liegt eine nackte Frau, wahrscheinlich eine Finnin, von Schnee bedeckt. Ich mache einen Satz zurück, falle hin, will wegrennen, bleibe aber erstarrt stehen. Überall Leichen, nackte Beine, Brüste, hier und da schimmert Haar durch den Schnee. Körper wie Holzstücke, in unterschiedlichen Posen vereist – Arme, Beine zusammengekrümmt oder ausgebreitet, je nachdem wie einer starb. Ich haste stolpernd zurück zur Fensteröffnung und fliehe vor dieser entsetzlichen Leichenkammer. Der Schnee tanzt graziöse Menuette auf den Bäuchen der Toten, fällt sacht auf offene Augen. Noch ist Spätherbst, bald beginnt der Winter. Was erwartet uns? Wie viele von uns werden überleben?

Unser erster, schrecklicher, grausamer Winter hinterm Polarkreis an der Mündung der Lena hat begonnen. 1942 bis 1943 waren dort 450 Litauer.

Im November haben wir die letzten Sonnenstrahlen gesehen, danach brach die finstere Polarnacht an, die schrecklichen Schneestürme führten ihren entsetzlichen Totentanz auf. In unserer gemauerten Baracke fühlt es sich an wie draußen. Als einmal ein Schneesturm wütete, wurden die mit Sand befestigten Rasenstücke vom Dach gerissen, jetzt heult es durch die Bretter, sicher werden auch diese bald weggerissen. In der Decke sind Spalte entstanden, durch die mit dem laut heulenden Wind auch der Schnee eindringt, der uns jetzt mit einer dicken Schicht bedeckt. Die mit Hobelspänen gefüllten Matratzen wurden völlig durchnässt und sind jetzt an den Pritschen angefroren. Ich habe alle meine Lumpen auf mich gelegt. Ich liege, schmiege mich an meine Mutter und atme unter meine

Lumpen. Warm. Der Schnee schmilzt nicht auf meiner Decke und wärmt dadurch. Ein Windstoß hat die Tür herausgerissen, mitten in der Baracke liegt ein verwehter Schneehaufen. Die Wände sind vereist. Alle schweigen, obwohl keiner schläft. Es ist vielleicht schon morgens.

»Mutti, hat Zagurskis Laden schon auf? Vielleicht gibt es da Brot?«, fragt Krikštanis seine Frau.

Ich höre die Stimme von Krikštanienė:

»Sei still, du Esel, gestern haben wir schon für zwei Tage bekommen und alles aufgegessen.«

»Mutti, gibt mir einer einen Kurzen?«

»Ja, geh nur und frag, ob du einen bekommst.«

Es ist ärgerlich. Ich muss heute nicht zur Arbeit. Ich ertrage es nicht mehr zu liegen, schnell steige ich aus meinen Lumpen, schüttle den Schnee von meinen Fußlappen, in Windeseile steige ich in die Filzstiefel mit den kaputten Sohlen – die habe ich noch aus dem Altai-Gebiet. Von außen wickle ich übelriechende, ewig nasse Säcke um die Beine und befestige sie mit einer Schnur. Ich ziehe eine dünne Wattehose an und ein Sakko von Juozas, das ihm schon zu klein ist. Zuletzt ziehe ich die aus einer alten Joppe und Watte genähte Jacke über – und atme aus, glücklich und zufrieden. Andere, die noch in dieser Eisburg unter ihrem Lumpenhaufen liegen und sich nicht trauen aufzustehen, sind neidisch auf mich. Endlich erhebt sich Krikštanis und zieht schnell seine Hose an. Wir schaufeln beide mit bloßen Händen den Schnee weg, um durch die Tür rauszukommen. Nach einer Stunde Arbeit haben wir oben an der Öffnung ein Loch freigegraben. Ich liege auf dem Bauch und arbeite mich weiter vor. Meine Beine berühren schon den oberen Türrahmen, die frische Luft kommt aber noch nicht durch. Wir sind ganz schön eingeschneit. Das kommt aber nur daher, weil wir keinen ordentlichen Eingangsbereich haben. Der Schnee fühlt sich immer weicher an, ich spüre die Vibration des tobenden Sturmes draußen. Noch ein Stoß – mit der Hand durchbreche ich die letzte Schneeschicht, die uns von der Außenwelt getrennt hat. Ich will Krikštanis zurufen: »Geschafft!«, aber eine Windböe schlägt mir Schnee ins Gesicht, verklebt meine Augen, ist in meinem Mund, im Hals, in den Ärmeln und Handschuhen. Eine dünne Eisschicht bedeckt meine Wimpern, sie frieren zusammen und ich krieche zurück, nach Luft schnappend. Ich falle mit dem Gesicht auf den Boden und atme schwer, mein Herz schlägt laut. Der Sturm weht wieder Schnee in meinen schmalen Tunnel, aber ich und Krikštanis krabbeln schnell durch und sind draußen. Dort tobt ein wahrer Hurrikan. Die Sichtweite beträgt weniger als zwei Schritte, ein wildes Schneegestöber, im Handumdrehen verlieren wir den Boden unter den Füßen und stürzen übereinander. Wir krabbeln nebeneinander und treten dieser Naturgewalt auf allen Vieren entgegen, später robben wir auf dem Bauch. Unsere Gesichter kehren wir nach unten, damit uns der Wind nicht den Atem verschlägt. Trotzdem bekommen wir nur schwer Luft. Mein Herz schlägt wild.

Wir halten uns an jedem gefrorenen Holzstück oder Eisbrocken fest und kriechen weiter. Mit gefällt dieser Kampf. Ich beiße die Zähne zusammen und bezwinge diese verrückt gewordene Naturgewalt Zentimeter für Zentimeter. Meine Hände werden langsam steif in den Handschuhen und meine Knie fühlen sich in der Wattehose hölzern an. Macht nichts – sie werden schon wieder auftauen. Durch meinen Hosenschlitz dringt Schnee. Der kühlt überall wie eine kalte Kompresse. Ich habe das Gefühl, als seien wir schon seit Stunden unterwegs. Endlich erreichen wir den Lagerraum mit den Brettern. Wir stehen auf, jeder nimmt fünf lange Baubretter und rennt zurück. Eine starke Windböe peitscht auf unsere Rücken, fast schleudert sie uns mit all den Brettern hoch. Ich kann mich kaum auf den Beinen halten, rutsche aus, falle auf meine Beute, stehe auf und renne, renne, renne. Ich habe Lust laut zu lachen. Da sind schon die Baracken, in Wahrheit nur flache Dächer mit herausragenden kurzen Rohren – den Schornsteinen. Wir zählen die Rohre ab, auf diese Weise finden wir unsere Baracke wieder und schaufeln den Schnee vor dem Eingang weg. Wo das Loch war, ist der Schnee noch weich. Wir schieben die Bretter eins nach dem anderen hinein, dann kriechen wir hinterher. Krikštanis als Erster. Seine Schultern sind breit, er windet sich eingequetscht im Türrahmen: Die eine Hälfte seines Körpers ist schon in der Baracke, das Hinterteil steckt aber noch draußen im Schnee. Endlich verschwindet auch das in der Türöffnung und kurz darauf sind wir beide drinnen. Einige Minuten später lodern die dicken Bretter fröhlich im eisernen Fass, das sich vor Wärme rot färbt wie das Rohr. Alles scheint nun weniger entsetzlich. Wir wickeln die Säcke und Fußlappen von unseren Beinen und trocknen sie. In einer Konservendose koche ich Wasser auf und bringe es meiner Mutter und meinem Bruder. Aber das heiße Wasser reizt nur den leeren Magen und der Hunger wird noch unerträglicher. Hoffentlich ist es bald zwölf! Uns erwartet ein Tag in einer dunklen, eiskalten Baracke – um die aufzuheizen würde noch nicht einmal ein ganzes Lager Bretter reichen. Das Holz flackert, die gelblichen, schmutzigen, mit Ruß bedeckten Gesichter mit eingefallenen, ausgehungerten Augen schimmern. In allen Gesichtern steht nur eines geschrieben – Brot.

Jeden Morgen krabbeln wir einer nach dem anderen aus der Baracke und überqueren das Gelände des »Zavods«. Wir gehen langsam: Unsere mit Säcken umgewickelten Beine erlauben keinen schnelleren Schritt, dazu fehlt uns auch die Kraft. Wir gehen bergab, zum Ufer. Die unzähligen auf Stapel verteilten

Dalia mit Freunden.
30er-Jahre

Baumstämme reichen bis nach Konstatinowka, ein Teil steckt noch im Eis. In meiner Brigade arbeiten Daniliauskas, Totoraitis, Totoraitytė, Štarienė, Nausėdienė und ich. Krikštanienė ist unsere Brigadierin.

Unser Holzstapel ist mit einer dicken Schneeschicht bedeckt, von der gestrigen Grube, aus der wir das Holz geholt haben – keine Spur, alles ist wieder eben, mit Schnee bedeckt. Wir suchen nach Schlitten, Schaufeln und Brechstangen. Den Schlitten finden wir tief unterm Schnee. Wir schaufeln die Stapel frei und wuchten die Baumstämme mit Brechstangen auseinander, wenden sie. Vom Boden der Grube bis zum oberen Rand liegen einige mittelgroße Baumstämme schräg – so ist es leichter, das Holz nach oben zu befördern. Wenn wir einen Baumstamm rausholen, legen wir ein Ende auf einen kleinen Holzschlitten, spannen uns zu viert davor und versuchen auf Kommando den Schlitten zu bewegen. Wenn ein Baumstamm nicht allzu dick ist, etwa bis zu 20 Zentimeter Durchmesser, legen wir einen zweiten auf den Schlitten, aber es kommt durchaus vor, dass Baumstämme einen Durchmesser von 40–50 Zentimeter haben, dann geraten wir schon mit einem einzigen in Schwierigkeiten. »Ras, dwa, wsjali!*« höre ich das Kommando von Krikštanienė. Wir sammeln all unsere Kräfte und stemmen uns gleichzeitig nach vorn. Das Seil schneidet in die Schulter, spannt sich bis zum Zerreißen, der Baumstamm rührt sich nicht. Wir wiederholen das wieder und wieder. Noch einmal spannen wir die Muskeln an, beißen die Zähne zusammen und stemmen uns nach vorn – der Baumstamm bewegt sich nicht, nur das Seil von Daniliauskas reißt und er stürzt mit dem Gesicht aufs Eis. Rotes Blut fließt aus seiner Nase. Endlich geht es voran und wir ziehen den Baumstamm bergauf. Für den

* *Eins, zwei und los!*

Schlitten ist eine ein Meter breite, eisige Schneise vorbereitet, in der wir den Baumstamm nach oben ziehen. Wir gehen zu beiden Seiten des Stammes, das Seil dürfen wir nicht loslassen, sonst würde er zurückrutschen. Das Seil schneidet tief in meine Schultern, wie ein Messerschnitt, ich spüre das Blut in meinen Schläfen und den Halsadern pochen. Wir haben erst den halben Berg geschafft, sind mit unseren Kräften aber schon am Ende. Mein Körper krümmt sich von selbst nach unten, meine Hände berühren fast den Boden. Ein Schritt, noch ein Schritt ... das Seil schnürt meine linke Schulter ab, mein Herz wird wie von einem Schraubstock zusammengedrückt, alles verschwimmt vor meinen Augen: Der Schnee, der Berg – die Umrisse werden eins. Gott, hilf mir, diesen Stamm nach oben zu bringen, nur diesen einzigen. Ein Schritt, noch ein Schritt ... wir sind oben. Wir halten an und ruhen uns aus. Langsam sehe ich alles wieder normal, der Schmerz lässt nach. Es würde mich interessieren, wie es bei den anderen ist – fühlt es sich auch bei ihnen nach jedem Schritt so an, als ob die Gedärme aus dem Bauch herausgerissen würden und krampft sich ihr Herz auch so zusammen? Vielleicht nicht, sie sind stärker als ich, sie sind erwachsen – nicht umsonst hat mir Krikštanienė, als ich ihrer Brigade zugeteilt wurde, gesagt, dass ich genauso viel arbeiten müsse wie die anderen. Ihre Brigade sei nicht dazu da, für die Kinder mitzuschuften. Ich darf nicht weniger arbeiten, weniger ziehen, weniger heben, weil jeder gleich viel Lohn bekommt.

Wir stehen auf und ziehen die Baumstämme bis zum Stapel. Heben alle gemeinsam vom Schlitten und stemmen sie dann obenauf. Wieder spüre ich ein Stechen im Bauch. Aber nur für einen kurzen Moment. Mit dem leeren Schlitten stapfen wir bergab. Wär das schön, wenn es länger dauerte, das Laufen ist jetzt so leicht.

Zwei weitere Stämme können wir voneinander lösen. Wir ziehen sie nacheinander aus der Grube und wuchten sie mit großer Mühe auf den Schlitten. Das Seil ist wieder wie ein Schraubstock, zurrt Rücken und Brust zusammen. Schon wieder, noch einmal, noch einmal, nur schneller, schneller, schneller. Das Blut pocht in meinen Adern, meine Füße rutschen, Messerstiche. Bloß schneller erwachsen werden, vielleicht ist die Arbeit dann nicht mehr so quälend. Die Tage vergehen langsam. Jeder Tag zieht sich ins Unendliche und ist schwer ... Um eins werfen wir unsere Arbeitsgeräte beiseite und gehen Mittagessen. Das ist der glücklichste Moment am Tag, ich warte so sehr auf ihn, im Schlaf träume ich davon! Eine Tasse heißes Wasser und ein Brot, das gut riecht, mit knuspriger Kruste. Ich komme in die Baracke und im Licht des brennenden Holzspans erblicke ich meine Mutter, die auf einer Pritsche liegt. Neben ihr zwei Brotstücke – eins für mich und eins für meinen Bruder. Mir wird schwindlig vor Freude und Schwäche, mein Mund ist voller Spucke, aber ich versuche mich zu beherrschen – ich schaffe es noch die Schnur abzubinden und die vereisten Säcke von den Beinen zu wickeln. Ich halte das Brotstück in den Händen – meine Tagesration – und will für einen Augenblick dieses herrliche Gefühl auskosten. Meine Hände zittern, meine Beine beben. Noch einen Augenblick und meine Zähne sinken in das unaussprechlich köstliche Brot. Ich kaue lange, trinke Wasser dazu. »Mama, war Torte wirklich so lecker, würde sie mir auch jetzt besser schmecken als Brot?« In der stockdunklen Finsternis glimmt schwach ein Holzspan. 25 Menschen starren vor sich hin und kauen. Der Holzspan flackert in den Händen meiner Mutter und ich sehe ihre Augen, voller Schmerzen und tieftraurig. »Mami, Mama, meine einzige, meine liebste, wir werden leben, wir werden zurückkehren, Mama, hörst du, Mama!!!«

Am 1. Dezember wurde die siebenjährige Volksschule eröffnet. Ich bin in die siebte Klasse aufgenommen worden. Um mein Brot zu verdienen, schleppe ich weiterhin Holzstämme, aber nur vier Stunden lang – bis zur Mittagszeit. Um zwölf Uhr werde ich neu geboren. Alle gehen zum Mittagessen, auch ich werfe meinen Strick weg und schleppe meine Beine, schwer wie Säcke, zur Baracke, esse dort eine Kleinigkeit, schnappe meine Schultasche, das Tintenfass von Krikštanis, und eile los.

Zwei kleine Hütten, versunken im Schnee – das ist die Schule. Ich trete in das Klassenzimmer und werde von meinen lieben Mitschülern empfangen. Sie weisen mir den Platz direkt am eisernen Ofen zu. Ich löse die mit einem Strick gebundenen Säcke von meinen Beinen und schiebe alles unter die Bank. Mein vereistes Kopftuch reiße ich vom Gesicht, hart wie ein Knochen, und reibe das Eis von den Wimpern. Unser Klassenraum ist winzig – gerade mal vier Schulbänke passen hinein und ein Tischchen für die Lehrerin. Es klingelt, wir setzen uns auf die Bank. Wir sind zu sechst. Vorne sitze ich mit Tautvilas Stasiūnas, hinter uns sitzen der Finne Kekonen mit dem Jakuten Semionow und zwei Jakutinnen – Pticewa und Trochova.

Die Lehrerin spricht, es duftet nach frischem Holz, Wald oder etwas Ähnlichem, eine angenehme Wärme durchdringt meinen ganzen Körper – Gott, ich wünschte, diese Unterrichtsstunde würde nie enden, ich müsste nicht in meine dunkle Höhle zurückkehren. Der Schlaf holt mich ein. Die Holzstämme flimmern vor meinen Augen. Die frische Wunde auf meiner Schulter schmerzt, macht sich bemerkbar. Fünfundvierzig Minuten vergehen genauso schnell wie fünf Minuten. Warum wurden sie mir damals auf dem Gymnasium so lang? Ich habe keine Ahnung von der russischen Grammatik. Algebra fällt mir auch schwer – eigentlich müsste ich noch in die sechste Klasse gehen.

»Wy krepko posabyli elmemty algebralnych dejstvij – neupraznjaetes. Wspomnite«*, sagt die sympathische Lehrerin Ana Michailowna zu mir.

Ich stehe mit meinen eingerissenen Filzstiefeln in schmutzigen Arbeitshosen aus Watte vor der Tafel, Kreide in der Hand und wundere mich – wie ich hier landen konnte. Das ist ein Traum, hier ist es warm, hier brennen die Kerzen, hier ist es hell, hier spricht man mit mir wie mit einem echten Menschen. »Wy posabyli«, klingt eine Stimme in meinen Ohren und dann eine andere: »Heb es hoch, zum Teufel – wenn du das nicht schaffst, verlass die Brigade!« Ich stemme eine Seite des Balkens hoch, vor meinen Augen flimmert es, der Balken fällt wieder zu Boden. Flüche ... Dann sehe ich wieder das Gymnasium vor mir. Ich höre nichts, reagiere auf nichts. Dalia, du gehst wieder zur Schule meine Güte, wach auf, du Trottel. Langsam komme ich wieder zu mir, ich fühle mich in dieser Situation nicht mehr so verloren und fremd. In den Pausen setzen wir uns alle sechs um den Ofen und erzählen uns unser Leben. Meine guten lieben Klassenfreunde, sie bedauern mich, so wie ich sie bedauere. Sie sind hungrig wie Hunde, so wie ich, über ihre Rücken krabbeln in der Wärme erwachte Läuse wie über meinen. Die Freunde kratzen und bewegen sich unentwegt. Bald werden sie in ihre kalten, dunklen Höhlen zurückkehren, so wie ich, nachts werden sie sich, zitternd in ihren lausigen Lumpen, so wie ich, nach dem Mittag des nächsten Tages sehnen, an dem sie wieder in die warme Schule gehen dürfen. Der Unterricht ist zu Ende. Schwerfällig und hinauszögernd, um einen Augenblick länger in diesem Paradies bleiben zu können, trocknen wir unsere Fußlappen vor dem Ofen und wickeln sie um unsere Beine, dann legen wir unsere

---

* *Sie haben offenbar die Grundelemente der Algebra vergessen – Sie üben nicht. Erinnern Sie sich doch.*

Maulkörbe um. Das ist ein Lappen oder Tuch auf dem Gesicht, bis zu den Augen. Nur diese bleiben frei. Auf der Schwelle zum Schulgebäude reißt eine Schneeböe Pticewa heulend die Hefte aus den Händen und hoch in den Himmel. Wir rennen durch den hohen Schnee, stolpern, ein Windstoß wirft uns um.

Ich drücke meine Aktentasche an die Brust – die Aktentasche von Papa – schleppe mich von der Schule nach Hause. Der Wind zerrt an meinem Kopf, peitscht mir ins Gesicht, meine Wimpern sind von Schnee verklebt, ich kann meine Augen nicht mehr öffnen. Ich ziehe einen Handschuh aus und befreie meine Augen vom Eis. Der Schneesturm, dieser Fiesling, tobt überall. Weiter, weiter, vielleicht hier in dieses Loch. Ich grabe einen Tunnel zur Baracke, lege mich auf den Bauch und krieche hindurch. Mit dem Kopf stoße ich gegen die Barackentür. Das war's. Ich bin »zu Hause«. Die Erinnerung an das Gymnasium entfernt sich wie ein schöner Traum. In der Dunkelheit trete ich mit meinen vereisten Bärentatzen und verklebten Augen gegen einen Nachttopf und stoße ihn um. Gestank. Ich gehe zu meiner Pritsche, schon wieder trete ich auf etwas, diesmal einen Menschen – bekomme sofort einen Ellbogenstoß gegen den Brustkorb versetzt und falle um. Vor dem erlöschenden Ofen sitzen Krikštanis mit Ašmontas Adolis, Kazlauskas und Žukienė. Einen Platz dazwischen zu finden ist aussichtslos. In den Augen von Krikštanis spiegelt sich schrecklicher Hunger, sie glänzen wie die eines Hundes. Er hat einen Holzsplitter, um seine Papirossy anzuzünden. Ich betrachte einen Augenblick lang sein rußiges, unrasiertes Gesicht – hohlwangig, mit tief eingefallenen Augen.

»Das Gefängnis für Schwerverbrecher in Kaunas, liebe Freunde, – das ist sozusagen ein Kurort. Ein Kilogramm Brot am Tag und noch was Warmgekochtes dazu. Na ja, man bekommt da eine große Schüssel mit dicker Suppe, einer Fleischsuppe, oft dampft sie nicht mal – so fett ist die. Es gibt auch eine

Hauptspeise. Wieder aus Fleisch. Die Portionen sind groß, ehrlich, ganz anständig, ich muss sagen, man kann da essen und satt wird man auch.«

Schweigen. Diese quälenden Gespräche. Alle werden von unterschiedlichen Phantasien befallen. Der Hunger erzeugt in der kranken Vorstellungswelt die verschiedensten Bilder von Essen. In der Nacht träumt jeder vom Brot (das ist das Hungergesetz). Wenn du anfangen willst zu essen – verschwindet das Brot. Du wachst mit brennendem Kopf auf, den Mund voller Speichel. »Heute habe ich geträumt, dass ich ein selbstgebackenes Brot esse. Ach, wisst ihr, wie ich es verschlungen habe?«

Er lügt, der kleine Teufel, er hat das Brot nur im Traum gesehen, kann aber keinen Geschmack im Mund gehabt haben, weil das Brot sicher sofort verschwunden ist. Es ist angenehm, der Erzählung über das Brot zu lauschen, deswegen lassen wir ihn reden, auch wenn keiner ihm glaubt. Kazlauskas entwirft die phantastischsten Bilder unterschiedlichster Speisen. Er ist nicht ganz normal. Er wurde aus Versehen in ein Lager deportiert, dort ist seine Psyche vor Hunger krank geworden. Als der Mann aus dem Lager entlassen wurde, ist er zu seiner Frau ins Altai-Gebiet gekommen, danach wurden die beiden zusammen weiter nach Norden deportiert. Unterwegs hat er die ganzen Tage über nur gegessen – seine Sachen gegen Lebensmittel getauscht und gegessen, gegessen, gegessen. Er hatte sich also vom Hunger noch nicht ganz erholt, als er ihm erneut ausgesetzt wurde. Interessant ist, dass Kazlauskas mehrmals bereut hat, zu seiner Frau gekommen zu sein. »Im Lager war es leichter als hier.« Am Tage spannt er sich meist alleine vor eine Karre und schleppt das Brennholz für die Vorgesetzten. Wenn er seine Brotration erhält, verschlingt er sie auf der Stelle, im Geschäft, er geht nicht mal von der Theke weg. Bekommt Kazlauskas seine Butterration für einen Monat, stopft er diese sofort in sich hinein, alles auf einmal. Auch den Zucker. Einmal saß Kazlauskas neben Krikštanis und hielt ein Stück rohen, gefrorenen Fisch in seinen Händen. Er hielt seinen Fisch kurz an den Ofen, dann, ohne abzuwarten, bis der ganz aufgetaut war, stopfte er ihn in sich hinein. Aus seinen Mundwinkeln hing Fischgedärm, die Hände waren blutverschmiert, er aß laut schmatzend, sein Körper zuckte. Seine irren Augen leuchteten im Dunkeln. In fünf Minuten waren die Schuppen, der Schwanz und das blutige, dreckige Gedärm verschwunden. In halbrohem Zustand natürlich! Krikštanis lächelte nur und verfolgte jede Bewegung von Kazlauskas. Schluss. Alles aufgegessen. Kazlauskas nimmt sogar den Schlittenhunden ihr Essen weg, sobald sie ausgespannt werden und etwas zu fressen bekommen. Es ist aber nicht leicht, einem ausgehungerten Hund, der den ganzen Tag den Schlitten gezogen hat, seine Portion wegzunehmen. Das Gesicht von Kazlauskas ist oft blutverschmiert von Hundebissen. »Wissen Sie, in Litauen war ich auch nie satt. Wie kann man bloß satt sein? Egal wie viel man isst, will man immer trotzdem noch mehr. Ha ha ha.« Er ist vollkommen durchgedreht, er halluziniert schon, dass er auch in Litauen gehungert hätte! Sein schmächtiger Körper schüttelt sich, er reibt seine Hände und kichert leise, seine Lumpen stinken nach Urin und (...)

»Ich verstehe nicht, Herr Krikštanis, wie Sie, ein gebildeter und feinfühliger Mensch, reden können wie, ich bitte um Verzeihung, der letzte Grobian«, fährt Žukienė ihn an.

»Das ist ja vielleicht eine feine Dame«, spottet der ehemalige Demokrat. »Warum sollte ich nicht so reden, wenn selbst Remarque so geschrieben hat?«

»Ihr Remarque war ein Zyniker, Herr Krikštanis!«

»Der große Realist Remarque – ein Zyniker? Na, wenn Remarque ein Zyniker ist, dann sind Sie, verehrte Frau, – ein Esel, weil Sie absolut keine Ahnung haben, weder von der Politik noch von der Literatur.«

»Karl Kautsky hat sich einmal so ausgedrückt: ›Der Hunger wird besiegt, wenn genug Nudelsuppe da ist.‹ Wie wir leben, so reden wir«, beendet Žukienė das Gespräch.

In der Baracke ist es stockfinster. Alle liegen schon, ihre wunden Beine an den Körper gezogen und ruhen, auch ich würde sie so gern an mich ziehen und so verharren, doch würde ich dann morgens meine Beine nicht mehr ausstrecken können, müsste mit aller Kraft und unter starken Schmerzen meine Hände zu Hilfe nehmen müssen – meine starren Knie zurückbiegen und sie auf die Erde herunterheben. Ich bleibe also auf meiner Pritsche sitzen, eingequetscht zwischen Prapuolenienė und Mama und zünde eine Stearinkerze an, die ich in der Schule geklaut habe. Ich mache Hausaufgaben. An der Decke taut es ein wenig – ein Klumpen Schnee fällt ab, auf meine Kleidung, in meinen Nacken. Meine Hände sind steif, ich habe Schüttelfrost. Ich mache die Hausaufgaben in Algebra. Vor mir leuchtet wie eine ferne Fata Morgana kurz das Gymnasium auf, meine Freundinnen, die Lehrer. Die Kerze ist schon fast erloschen, mein Kopf sackt auf die Knie. Eine eisige Baracke, beherrscht von Läusen, Hunger, Kälte, durchdrungen vom Gestank der Exkremente, versinkt in die Finsternis. Ich krieche in die enge Lücke zwischen zwei Körpern, Bilder meiner Kindheit gleiten wieder vorüber wie ein Film. Ich starre mit weit aufgerissenen Augen in die Finsternis, ich möchte Trost suchen bei irgendjemandem, möchte, dass mich einer umarmt, ich brauche moralische Unterstützung, ich würde gern einen starken Menschen hinter mir wissen, ich möchte nicht einsam sein. Ich möchte, dass jemand mich tröstet. Ich schmiege mich an Mama, um sie zu küssen, – und schmecke Tränen auf ihrem Gesicht.

»Mama, liebe Mama, wenn ich im Frühling mit der Schule fertig bin und vielleicht die Erlaubnis bekomme, nach Jakutsk zu fahren, ins Technikum, dann, Mami, dann werde ich dich irgendwie hier rausbringen, wir werden das schaffen, Mama, glaub mir, ich verspreche es dir.«

Die Hand meiner Mutter streichelt mein Haar.

»Broniuk, manche schaffen es, manche nicht, aber wir jungen und starken Menschen, wir werden es schon irgendwie aushalten. Grinkevičienė, Atkočaitienė vielleicht nicht – das sind alte, kranke Frauen, aber wir werden überleben, wir müssen«, höre ich die Stimme von Krikštanis.

Jemand pinkelt in eine Konservendose und kriecht zurück auf seine Pritsche. Die Papirossy von Nausėdienė glimmt.

Der Tod, begleitet von Hunger, Typhus, Läusen, Skorbut und Kälte, hat unsere jämmerlichen Baracken befallen. Das Krankenhaus in der benachbarten Baracke ist überfüllt. Leichenhaus wäre die treffendere Bezeichnung: Auf den nackten, mit Schnee bedeckten Brettern liegen Typhuskranke und Sterbende. Die meisten von ihnen reden wirr im Fieber. Vidoklerienė, deren Sohn gestern starb und nackt vor dem Krankenhauseingang liegt, schreit: »Akascha, potschemu ty mne pochoronnyj marsch igraesch?«* Der Schneesturm hat die Tür längst zugeweht, der Ofen brennt nicht mehr, durch das Schornsteinloch fegt der Wind, der kleine Ofen klappert und jault. Finsternis. Die Kranken spüren die Kälte nicht, ihnen ist sogar heiß, manche sind schon bewusstlos, andere – schon jenseits dieses Leichenhauses.

Drei Tage sind vergangen. Keiner konnte ins Krankenhaus hinein, vor der Tür ragt ein zusammengewehter Schneeberg in die Höhe. Seit vier Tagen hat das Krankenhaus keine Lebensmittel, keine Medikamente mehr. Nicht einen Tropfen Wasser, nicht ein Stückchen Brennholz. Die Leichen liegen zwischen den Kranken, Schwester Ana Polek hat nicht genug Kraft, um

* *Akascha, warum spielst du mir den Trauermarsch?*

die Leichen alleine hochzuheben. Sie geht von einem Kranken zum anderen, sieht nach, wer noch am Leben ist. Balčiuvienė ruft ihren Mann, ringt nach Luft und röchelt. Neben ihr liegt ihre Tochter Zita. Die greift den Kopf ihrer Mutter und fleht: »Mami, Mami, stirb nicht, Mama ...«

»Allmächtiger Gott, Vater unser, sei gnädig, erbarme dich über diese Menschen, erbarme dich über die Kranken, lass diesen Schneesturm aufhören!« ruft Ana voller Entsetzen. Sie kniet in der Mitte des Leichenhauses und schluchzt. »Gott, mein Gott!« stößt sie in die Dunkelheit hinaus. Ihr Körper zittert, das laute Schluchzen wird eins mit dem Heulen des Sturms, mit dem Röcheln und Gurgeln der Kranken.

Licht in unserer Baracke! Auf jeder Seite von Atkočaitienės Leiche steht eine Kerze. Eine ganze Kerze! Das bedeutet – die vom Kontor geklauten Kerzen wurden gut versteckt. Die Nase von Atkočaitienė ragt hervor, wirkt übermäßig lang, über ihr mageres, vergilbtes Gesicht kriechen Läuse in alle Richtungen. Ich habe noch nie solche Unmengen von Läusen gesehen – schwarze Divisionen verteilen sich auf Nase, Augenlider, Lippen und verschwinden dann in den Lumpen der Nachbarin. Ich nutze die Gelegenheit und studiere im Kerzenlicht die Geschichte des Mittelalters.

Gestern saß ich vor der Ofentür und habe gelernt – keiner wagte es mich wegzujagen, im Ofen brannten immerhin die Bretter, die ich gestohlen hatte. Alle schwiegen voller Respekt. Das helle Feuer loderte und ich bemerkte, wie Atkočaitienė die Brotstücke aus dem Topf von Kazlauskienė fischte, während sie ihre eigene Brotsuppe zubereitete. Der Topf war mit zwei Litern Wasser gefüllt, darin köchelten 200 g Brot. Ich habe sie an die Hand genommen und gesagt: »Schämen Sie sich! Sind Sie nicht streng katholisch?« Sie schnappte rasch ihren Topf, kroch zu ihrer Pritsche und verschlang gierig das Essen. Im Dunkeln war nur ihr Schlürfen zu hören.

Einen Tag zuvor hatte diese fromme Frau lauthals Psalmen gesungen und mit ihrem Rosenkranz in der Stille der Baracke geklappert. Ari hörte ihre Gebete und fragte:

»Papi, wo ist Gott?«

»Es gibt keinen Gott, Ari«, donnerte die Stimme des »Imperators« aus dem eisigen Dunkel der Baracke.

»Gott erbarme sich seiner, er weiß nicht, was er redet«, flüsterte Atkočaitienė.

Jasinskienė hatte inzwischen bemerkt, dass ihr das Getreide, das sie noch im Altai-Gebiet gestohlen hatte, heimlich entwendet worden war. Sie entzündete einen Holzspan und sah, dass einige Körner in der Nähe von Atkočaitienės Pritsche lagen. Jasinskienė nahm eine Rute und schlug Atkočaitienė mit aller Kraft auf Gesicht und Hände. Die alte Frau fiel auf die Knie, schlug sich auf die Brust und schwor, sie habe das Getreide nicht gestohlen. Die unerbittlichen Schläge marterten weiter ihren Rücken. Wir rissen Jasinskienė die Rute aus der Hand. Nachdem Atkočaitienė gestanden hatte, dass sie die Diebin des Getreides gewesen war, vergab ihr Jasinkienė – sie küsste sogar das verlauste Gesicht der Greisin.

Jetzt kommt die Leichen-Brigade unter der Leitung von Abromaitis, und Atkočaitienė wird mit den Füßen voran aus unserer Baracke herausgetragen. Žukienė nimmt ihre Kerzen zurück, weist mir den Liegeplatz von Atkočaitienė zu. Ich habe Glück gehabt.

Ich sitze neben Krikštanis vor dem Ofen. »Dalia, du bist ungeheuer stark, ja, wie eine Verrückte kämpfst du um dein Leben«, sagt er zu mir. Diese Anerkennung lässt mein Herz kräftiger schlagen. Totoraitytė klettert von der Pritsche oben runter,

Dalia mit ihrem Bruder Juozas.
30er-Jahre

dreht uns ihren Hintern zu, setzt sich auf den Eimer. Sie hat Durchfall – zehnmal am Tag setzt sie sich auf den Eimer und zeigt uns ihren Hintern. Der Eimer ist voll, er stinkt, ihre Mutter kann ihn nicht aus der Baracke heraustragen, weil die Tür zugeschneit ist. Also kippt sie den ganzen fürchterlich stinkenden Inhalt auf einen Schneehaufen mitten in der Baracke. Wir können das Wasser nicht von draußen holen, daher schaufeln wir den Schnee aus der Barackenmitte, lassen es in der Konservendose schmilzen und trinken es.

Die Hälfte der Bretter aus dem Lagerhaus ist verschwunden. Alle stehlen, weil es rundherum kein Stück Holz mehr gibt. Mindestens zehn Kilometer müssten wir gehen, wollten wir das Holz selber anschaffen – dafür haben wir keine Kraft mehr. Die Fässer flackern, die Bretter brennen – vor dem Feuer krempeln wir unsere Hosen hoch und reinigen die vereiterten Wunden, fangen die Läuse. Die Läuse lieben die Wunden, es juckt unglaublich. Unsere Wunden sind offen, schon seit Monaten heilen sie nicht. Der eingetrocknete Stoff unserer Hosen muss jeden Abend aus ihnen entfernt werden. Das tut weh, aber es geht.

Es ist hell in der Baracke. Fast jeder hat seinen eigenen brennenden Holzspan oder eine Kerze und sucht sich nach Läusen ab. Diese Arbeit hat etwas moralisch Befriedigendes: Du, Biest, du beißt mich noch, na, warte mal, traksch, ich werde dich zwischen meinen Nägeln zerquetschen und basta. Es ist leicht, die Läuse im Hemd zu fangen, in einer Strickjacke ist das schwieriger, aber der Fang verschafft dann doppelt so große Befriedigung. Mittlerweile haben wir uns erstaunliche Fähigkeiten auf diesem Gebiet angeeignet – wir fangen die Läuse nachts, werfen sie im Dunkeln in Gläser voller Wasser. Morgens leeren wir die Gläser durch das Türloch. Jasinskienė hat eine einfachere Methode entwickelt: Jede erwischte Laus zerbeißt sie auf der

Stelle und spuckt sie aus. Grockis liegt Tag und Nacht an ihrer Seite, er ist auch krank und erzählt, dass er ununterbrochen Jasinskienė mit den Zähnen klappern hört. Das geht ihm langsam auf die Nerven. Jasinskienė leidet an Skorbut, sie kann ihre Beine nicht mehr ausstrecken und wenn der Mensch erst einmal liegt, wird er von den Läusen regelrecht aufgefressen. Als wir noch im Altai-Gebiet waren, war sie die stärkste Frau von uns – sie trug hundert Kilo schwere Säcke. Jetzt lebt sie von der Brotkarte ihrer zweijährigen Tochter Dalytė. Das Getreide, für das sie Atkočaitienė geschlagen hat, ist alle. Nun muss sie gemeinsam mit ihrer Tochter von sechshundert Gramm Brot leben. Die macht sich häufig in die Hose. Jasinskienė hatte mich einmal gebeten, die Strickjacke und die Hose ihrer Tochter aufzuhängen. Ich habe das getan, irgendjemand hat die Sachen aber geklaut. Die Frau weinte vor Hilflosigkeit. Sie kann nicht von der Pritsche runter, macht sich die Hosen voll, zittert in ihren nassen, übel riechenden Lumpen, wärmt sich an dem zierlichen Körper der kleinen Dalytė. Grockis liegt neben ihr, auch er leidet an Durchfall mit dem Unterschied, dass er noch genug Kraft hat, nach unten zu gehen, auf den Topf. Juozas und Oldas liegen da mit abgefrorenen Füßen. In unserer Baracke sind nur wenige, die noch laufen können. Eine bin ich.

Mutter ist krank geworden. Ihr Gesicht ist geschwollen, der ganze Kopf. Sie wiegt nicht mehr als 30 Kilogramm und sieht aus wie ein junges Mädchen. Ihre Rippen stechen hervor, die Beine sind dürr – nur noch Haut und Knochen. Ich sehe sie an und denke, ich würde es sogar schaffen, sie mit meinen eigenen Händen herauszutragen. Sie glüht wie ein Ofen. Fieber. Sie sieht nichts mehr, weil ihre Augen zugeschwollen sind. Juozas und ich schauen sie an, eine tiefe dunkle Angst ergreift uns beide. Wir umarmen uns und weinen.

»Dalia, wenn Mama stirbt, werde ich mich mit diesem Messer umbringen«, sagt mein Bruder auf dem Bauch liegend. Ich spüre, wie sein dürrer, geschwächter Körper im Weinkrampf zuckt.

Mutter ist schon bewusstlos. Ich bete zum ersten Mal in diesen Monaten des Grauens.

»Gott, lass mir meine Mutter, lass mir meine Mutter«, sage ich, während ich ihren reglosen Körper umarme, ihre Rippen, ihr schrecklich geschwollenes, formloses, rotes Gesicht.

Jemand gräbt sich zu unserer Höhle durch, kriecht hinein und ruft uns laut zu, dass das Gericht tagt. Ich werde dort erwartet. Ich krieche mit Žukienė heraus, die als Zeugin mitkommen muss.

»Leb wohl, Mama, leb wohl, Mami«, zum Abschied küsse ich ihren reglosen Körper, das Gesicht, Arme, Beine.

Juozas und ich – wir wissen, was los ist. Unsere Mutter hat freiwillig den Hungertod gewählt, sie hat ihre Brotration unbemerkt an uns verteilt, und wir, wie hungrige Tiere, erfroren und ausgelaugt von der schweren Arbeit, haben alles verschlungen, ohne zu fragen: Mutter, hast du auch schon gegessen? Wir haben unsere Mutter umgebracht! Leb wohl, Mama, wenn ich vom Prozess zurückkomme, bist du wahrscheinlich schon tot und kalt. Es ist besser so, du wirst wenigstens nicht mehr erleben müssen, wie deine Tochter ins Gefängnis kommt. Leb wohl, Mama! Žukienė zog mich von dem lauwarmen Körper meiner Mutter weg.

Ich sitze auf einer Anklagebank, neben mir fünf weitere Angeklagte. Wir werden beschuldigt, Bretter aus dem Lagerhaus gestohlen zu haben. Uns gegenüber, am Tisch, der mit rotem Stoff bedeckt ist und auf dem fünf Kerzen brennen, sitzt der Richter – ein achtzehnjähriger Jakute. Gewöhnlich ist er für Revisionen zuständig, heute aber hat die Partei ihm die Richterrolle übertragen. Er sitzt zwischen zwei Sekretärinnen, die jedes

Wort protokollieren. Eine ist Lehrerin für Zeichnen, die Komsomolzin Nowikowa aus Leningrad, die andere – die Komsomolzin Mironowa. Die zweite bekommt gelegentlich tagsüber oder nachts Besuch – von einigen Vorgesetzten. Der Gerichtssaal ist in einer leeren Nachbarsbaracke eingerichtet, am Tag ist hier eine Näherei untergebracht. Zwei rote Öfen strahlen Wärme ab. In meinem Kopf – Chaos. Vor meinen Augen schwanken unzusammenhängende Bilder, Gesichter. Ich will schlafen. Meine Augen fallen zu. Wie durch einen Traum höre ich die Stimme von Riekus:

»Nein, das ist nicht wahr, Genosse Richter, ich habe an jenem Tag keine Bretter gestohlen, ich habe an jenem Tag nur einen Sarg gefertigt, danach habe ich das Restholz einfach mitgenommen.«

Warum verteidigt er sich? Warum lügt er, der Dummkopf, ist das nicht egal, wo man stirbt – im Gefängnis oder im gewaltigen Todeskombinat – auf der Insel Trofimowsk. Mein Kopf kippt auf die Brust. Der Schlaf hat mich besiegt, die Baracke hier ist voller Zuschauer, alles rauscht, summt und dröhnt rundherum.

»Das ist nicht wahr, Richter, ich habe keine Balken nach Hause geschleppt. Ich hatte einen Balken in der Hand, aber als ich Sventickis traf und er mich rief, habe ich den Balken sofort aus der Hand fallen lassen – gar nichts habe ich nach Hause gebracht.«

Ich schlage meine Augen auf und sehe vor mir einen grauhaarigen Finnen, einen etwa siebzigjährigen Greis mit müden Hundeaugen, die tief in den Augenhöhlen liegen. Mit seinem Gesicht wäre er für einen Maler, der den Hunger darstellen will, ein geeignetes Modell. Der Greis wurde direkt nach der Leningrader Blockade hierher deportiert. Dort hat er eine Brotration von 125 Gramm erhalten, Brot durchmischt mit Spreu und Lehm. Hier, in der Todesfabrik Trofimowsk, bekommt er 600 Gramm Brot. Nur warten hier auf ihn außerdem noch Kälte, Skorbut,

Typhus, Läuse und die Polarnacht. Er ist also der Verbrecher. Er hat den Staat beklaut, weil er in seine Baracke für den Ofen etwas Holz gebracht hat, damit sein Gesicht auftaut und die Augen, damit seine Kleidung trocknet, die wie eine Eisrüstung gefroren absteht.

Vor ihm auf der Zeugenbank sitzt der Pole Sventickis, mit satter Mine und einem Doppelkinn. Seine Augen schwimmen grinsend im Fett. Er sieht, dass das Staatseigentum gestohlen und immer weniger wird, aber er will nicht sehen, dass vor jeder Baracke Leichenstapel wie Holzhaufen liegen. Er will nicht wahrhaben, dass wir das Holz klauen, um uns länger am Leben zu halten. Nein! Diese Bestie, er sieht das, aber er will ein ergebener Knecht bleiben und über unsere Leichen an der eigenen Karriere basteln. Ich habe Lust aufzustehen und sein Gesicht mit meinen Nägeln zu zerkratzen.

»Ich stimme dem Urteil nicht zu. Nichts habe ich genommen. Wir haben den Balken am Fluss gefunden, vereist, als wir das Holz mit unserer Brigade aufsammelten. Ich habe ihn dann nach Hause gebracht. Die Brigade kann das bestätigen.«

Sie lügen, Markevičienė lügt, die Brigade lügt, die ganze Sowjetunion hat gelogen und wird bis in alle Ewigkeit lügen: Viele haben gestohlen, stehlen jetzt und werden weiterhin stehlen. Alle vier aus der Brigade beteuern ihre Unschuld. Hinter meinem Rücken höre ich das zustimmende Gemurmel der Menge. Bald bin ich an der Reihe.

Als ich vor einer Woche aus der Schule zurückkehrte, fand ich meine Mutter in der Baracke bereits sehr schwach vor. Sie hatte alle um Wasser gebeten, aber es gab keinen Tropfen mehr. In der Dunkelheit tastete ich nach dem Eimer und fand auf seinem Grund einige Eisstücke, die sich aus dem gestern getauten Schnee gebildet hatten. Fast niemand in der Baracke konnte aufstehen. Žukienė entzündete einen Holzspan und sagte zu mir:

»Dalia, mach den Ofen an, hol Bretter, damit wir für deine Mutter Wasser auftauen können. Du kannst dich dann selbst wärmen und ich möchte Suppe kochen – heute hat noch keiner geheizt, die Kranken sind ohne Wasser geblieben. Verstehst du, es gibt keinen anderen, der das machen könnte. Krikštanienė steht schon seit einigen Stunden in der Schlange nach Brot an.«

Ich kroch aus der Baracke. Draußen herrschte Stille, vollkommene Stille, es war merkwürdig, kein Schneetreiben, kein Wind, nur Kälte, alles ringsherum war mit Eis bedeckt – die Mündung des Flusses, die Tundra überall und wir – in unseren Baracken. Am Himmel das Nordlicht ... Es war hell, das war schlecht, das erschwerte meinen Gang. Ich schlich zum Lagerhaus, kroch durch den Zaun und schnappte mir drei dicke, schöne Bretter. Der Schnee knirschte. Der Wächter oder die Wächterin hatte meine Schritte gehört und näherte sich, eingehüllt in einen Pelzmantel aus Hundefell. Ich schmiss die Bretter hin und fiel nieder, drückte mich mit meinem ganzen Körper an die Tundra, steckte das Gesicht in den Schnee. Ich hob den Kopf. Der lange Pelzmantel entfernte sich. Kurz zeigte ich den Mittelfinger in seine Richtung und schob die Bretter durch den Zaun. Einen Augenblick – schon war ich auf der anderen Seite und kroch, die Bretter hinterherschleifend, ein Ende unter meinen Arm geklemmt. Minuten waren wie Stunden. Schneller, schneller! Da war schon der Eingang des roten Backsteinhauses – das Schmuckstück unserer Baracken. Keine Kraft mehr, in meinem Kopf drehte es sich, ich war hungrig wie ein Tier. Ich lutschte und biss auf meine Lippen, steckte Schnee in den Mund, kaute ihn, mein Hunger wurde nicht kleiner.

Aber der Himmel – grandios. In allen Farben tanzte das erhabene Nordlicht. Alles ist hier erhaben: die grenzenlose Tundra, grausam und weit wie der Ozean, die Mündung der Lena, voller riesiger Eisbrocken, die Klippen vor der Insel Stolby, zweihundert Meter aufragend, und das Nordlicht, nur wir, hungrige Hunde, befallen von Läusen verrecken in unseren eisigen, stinkenden, vollgesch... Baracken und sind jämmerlich und lächerlich klein im Angesicht der majestätischen Arktis.

Vor mir bewegte sich ein Lebewesen. Es war nicht von dieser Welt – nur Knochen, ein echter Sensenmann. Auf der Suche nach etwas Essbarem wühlte er im Misthaufen der fünften Baracke. Dummkopf, was würdest du dort finden? Was wird man schon auf den Misthaufen werfen? Bald werden die vor Hunger verrückt gewordenen Menschen ihre eigenen Finger essen.

Endlich unsere Baracke. Hastig schmiss ich die Bretter hinein. Ich zerhackte sie, und der kleine Ofen loderte, er wurde schnell heiß. Wir tauten das Wasser auf, ich gab es den Kranken, sie salzten und tranken es. Ich flößte meiner Mutter Tee mit einem Löffel ein. Sie hatte keine Kraft mehr zum Sprechen. Schwer zu erkennen – war sie ein Mann oder eine Frau – Knochen, Knochen, Knochen. Plötzlich tauchten Sventickis und Antonow auf, sie zündeten ihre mitgebrachte Kerze an. In dem kleinen Ofen knisterten die Baubretter, in der Mitte lag noch ein Stapel von gehacktem Holz.

»Wer hat die Bretter gestohlen?«

Stille.

»Wer hat diese Bretter zerhackt?«, fragte der immer korrekte, aber heimtückische Sventickis.

Stille.

Ich deckte die Mutter zu und kroch von der Pritsche herunter.

»Ich.«

»Sie?«

»Ich.«

Nur wenige Köpfe erhoben sich von ihren Lumpen. Den anderen war alles egal. Sie reagierten auf nichts mehr. Ich hatte Angst um meine Mutter, aber sie kümmerten die Angelegenheiten dieser Welt nicht mehr. Es wurde ein Protokoll erstellt. Žukienė und ich unterschrieben.

»Angeklagte Genossin, stehen Sie auf!«

Ich stehe auf. Der Richter streift forschend meine fürchterlichen mit Säcken umwickelten Beine, die wattierte, zerlumpte Hose, die Steppjacke, aus einem Arbeitskittel gemacht, die dicken Zöpfe und schaut mich dann mit stechendem Blick direkt an. Plötzlich wird es still im Saal. Auf der Seitenbank erblicke ich den Schuldirektor Guljajew, den Betriebsdirektor Mawrin und den Lebensmittelkönig Trawkin. Sie flüstern miteinander. Ich fühle mich seltsam ruhig. Ich schaue dem Richter direkt in die Augen. Das dauert etwa eine halbe Minute.

»Wie alt sind Sie?«

»Fünfzehn.«

Das Anklageprotokoll wird verlesen. Lange. Die Kerzen brennen auf dem roten Tisch, die Schatten tanzen auf den roten Backsteinwänden. Die Wände sind sogar eisfrei. Sie lesen, lesen, lesen. Meine Beine zittern als hätte man kiloschwere Gewichte daran gehängt. Sie sollen mir nur bald erlauben mich wieder zu setzen. Die Mutter ist vielleicht schon gestorben. Mein Bruder Juozas muss auch bald vor Gericht. Damals im Herbst, als wir die Dosen ausgeladen haben, hatte er plötzlich angefangen, sich die Konserven in den Mund zu stopfen, vor den Augen der Vorgesetzten. Er leidet sehr unter dem ständigen Hunger, es fällt ihm viel schwerer als mir. Gestern ist er aufgestanden und wollte auf den Fersen zum Ofen gelangen, weil seine Zehen abgefroren sind, aber dann schlug er der Länge nach hin und verlor das Bewusstsein. Im Dunkeln schimmerte sein schönes Gesicht, sein dürrer Körper war völlig kraftlos und leicht. Die Mutter ist gestorben, auch Juozas wird sterben, er hat schon blutigen Durchfall und so ein Dünnschiss führt direkt auf die Leichenstapel. Plötzlich erscheint das Gesicht meiner Mutter vor mir, so wie ich es aus der Kindheit kenne. Schön, zärtlich, große Augen, die Haarlocken fallen auf die Stirn. Sie lächelt mich an. »Mutter, Mutti, es gibt dich nicht mehr, vielleicht erkaltest du in diesem Augenblick, und ich kann dir nicht einmal die Augen schließen. Juozas wird bestimmt aus Ohnmacht weinen, wenn er spürt, dass du schon kalt an seiner Seite liegst, so klein und spillerig wie ein Kind. Warum bloß hast du dich unseretwegen zu Tode gequält? Damit uns der Hunger länger matert, wir weiterhin langsam krepieren müssen oder damit wir im Gefängnis verhöhnt werden, in das wir morgen einer nach dem anderen getrieben werden? Du bist nicht mehr da, und mir ist völlig egal, was morgen ist.« Jemand sagt etwas zu mir. Durch meinen Kopf schießt ein Gedanke: Wie gut wäre es, wenn jemand jetzt, in diesem Augenblick, den Revolver zieht und mich erschießt. Mein Körper ist entkräftet und meine noch verbliebenen geistigen Kräfte richten sich nur auf eins – den schnellen Tod. Macht mal. Schneller, schneller.

»Ich frage Sie etwas, und Sie sind verpflichtet, mir eine Antwort zu geben«, erreicht mich eine Stimme, deren Worte ich nach und nach verstehe.

»Sind Sie mit der Anklageschrift einverstanden? Sind die Anklagepunkte in ihren Augen begründet?«

»Ja.«

Pause.

»Verstehen Sie gut Russisch?«

»Ja.«

»Gestehen Sie Ihre Schuld?«

»Ja.«

Der Richter schaut mich verwirrt an. Lärmen im Saal: »Dumme Göre! Kind, verteidige dich!«

»Angeklagte! Antworten Sie bitte klar und deutlich. Gestehen Sie, dass Sie die Bretter aus dem Warenlager gestohlen haben?«

»Ja.«

Stille.

»Haben Sie die Bretter zerhackt?«

»Ja.«

»Wer hat Sie geschickt?«

Žukienė schließt die Augen und erblasst.

»Keiner.«

»Sind Sie von selbst gegangen?«

»Von selbst.«

»Warum haben Sie gestohlen?«

»Damit ich sie verbrennen kann.«

»Wussten Sie, dass es Staatseigentum ist?«

»Ich wusste es.«

»War Ihnen bekannt, dass man dafür nach dem Strafgesetzbuch verurteilt wird?«

»Ja, es war mir bekannt.«

»Ist Ihnen bewusst, was Sie gerade aussagen?«

»Ja.«

»Wo arbeiten Sie?«

»Ich fahre Baumstämme aus.«

»Ich hörte, Sie gehen zur Schule.«

»Ja, ich lerne auch.«

»Wie vielte Klasse?«

»Siebte.«

»Schämen Sie sich nicht als Schülerin auf dieser Anklagebank zu sitzen?«

Es wird still. Die Frage wird wiederholt. Im Saal herrscht absolute Stille. Aus dem hinteren Teil der Baracke höre ich ein leises Schluchzen – jemand hat Mitleid mit mir. Es ist die Stimme von Lialė Maknytė, einem elfjährigen Mädchen, sie weint und zuckt am ganzen Körper. Für einen Augenblick verschwinden der Saal, der Richter, die Menschen, und in meinem

Gedächtnis leuchtet ein Bild auf. Ich bin vierzehn Jahre alt, es war der 28. Mai 1941. Ich eile ins Theater. Ich spaziere durch den Vytautas Park und gehe eben eine Treppe herunter, als sich mir plötzlich ein entzückender Anblick bietet. Ich bleibe wie verzaubert stehen. Eine goldene Sonne, eine goldene Stadt liegt zu meinen Füßen, die Blüten dufen – mein Herz hatte zum ersten Mal den Frühling vernommen. Ich spürte plötzlich mit meinem ganzen Körper den Frühling meines Lebens, ich atmete die Luft ein, schloss die Augen und war unsagbar glücklich. Meine Lippen flüsterten: »Leben, du bist wundervoll, Jugend, jetzt bist du da, du bist so traumhaft! Ach, wie schön es ist zu leben!« In meinen weit offenen Augen glänzten die Tränen der Jugend. Ich raste die Treppe hinunter – das Theater, die Musik, die Jugend, das Leben riefen nach mir.

Ich stehe jetzt mit geöffneten Augen da, aber darin gibt es weder Tränen der Freude noch Tränen der Trauer, meine Augen sind trocken, sie können nicht mehr weinen. Das schöne Bild aus dem Vytautas Park verschwindet.

Ich spüre, wie alle mich mit ihren neugierigen Blicken durchbohren, sie beobachten mich aufmerksam. Ob ich mich schäme? Mich schäme? Dafür, dass ich der sterbenden Mutter das Wasser gereicht habe? Ihr schaut mich an, ihr, die satten Mawrins, Sventickis und Trawkinis, ihr möchtet in meinen Augen Reue sehen? Mich schämen? Ihr sollt euch schämen, ihr Mörder, aber nicht ich! Ich höre die gleiche Frage noch einmal.

»Nein, ich schäme mich überhaupt nicht.«

»Setzen Sie sich.«

Ich falle. Rundherum höre ich die Menschenstimmen. Balamutas flüstert mir ins Ohr: »Hat dich der Verstand verlassen, Mädel, was hast du gemacht?« Žukienė antwortet auf irgendwelche Fragen. Ich schnappe auf: »Nein, das hat sie zum ersten Mal getan, davor hat es so etwas noch nie gegeben.«

Ha, ha, ha, zum ersten Mal, Sventickis. Wenn du alle von mir gestohlenen Bretter zusammentragen würdest, könntest du alle Dächer von Trofimowsk decken. Du Esel, verstehst du etwa nicht, dass das hier die Tundra ist, dass es hier keine Wälder, keine Pflanzen gibt, und das Feuer ist dem Menschen unentbehrlich, ja, sogar für den frühen Cro-Magnon-Menschen war es unverzichtbar. Was sollen wir denn tun? Die Baumstämme holen, die zehn Kilometer entfernt, ausgespült durch den Fluss, am Ufer liegen? Wer soll die denn schleppen? Die Leichen etwa, die unter den Pritschen liegen? Die Durchfallkranken, die an Ort und Stelle ihre Notdurft verrichten oder vielleicht Jasinskienė, die mit ihren vom Skorbut zusammengekrampften Beinen vor Schmerzen brüllt?

Das Gericht verlässt den Saal für eine Beratungsstunde. Die Beratung dauert lange. Schlafmangel, Müdigkeit und Schwäche überwältigen mich, ich sehne mich nur danach, meinen Kopf irgendwo anzulehnen und zu schlafen. Ein heftiger Schlag von der Seite rüttelt mich wach.

»Steh auf, zum Teufel!«

Riekus, Kobra und noch ein Litauer haben, wenn ich mich richtig entsinne, jeder zwei Jahre bekommen. Ich als Minderjährige wurde freigesprochen, weil ich meine Schuld nicht geleugnet hatte und ich vermute, dass die Lehrerin Nowikowa ein gutes Wort für mich einlegen konnte. Gnade. Kaum zu glauben, was für ein Glück. Lialė küsst mich und heult, diesmal vor Freude. Schön ist deine Seele, Lialchen. Nur bald wird dich das Leben eines Besseren belehren – du wirst anders reagieren auf Gut und Böse, weniger mit anderen mitfühlen.

Mit meinen Händen grabe ich mich bis zur Eingangstür der Baracke durch, ich krieche hinein und eile zu den Pritschen. Stille.

Dalia mit ihrer Mutter Pranė und
ihrem Bruder Juozas. Kaunas, 1937

Entsetzliche Angst erfasst mich. Ich traue mich nicht, die Lumpen beiseite zu schieben. Ich zögere noch einen Augenblick, dann klettere ich auf die Pritsche und befreie das Gesicht von Lumpen. Sie atmet, sie atmet, sie a-a-a-a-t-m-e-t. Ich beuge mich zu ihr herunter und küsse ihr entstelltes Gesicht, ich schmiege mich an sie, erneut packt mich der Lebenswille, das Blut in meinen Adern pulsiert wieder kräftiger. »Mama, du wirst gesund, ich glaube daran, Mama, sie haben mich freigesprochen, Mama, die Liebe besiegt den Tod, wir werden überleben, hörst du, wir werden leben, wir, wir werden vielleicht ... sogar ... zurückkehren. Mama! Vergib uns, dass wir nicht auf dich aufgepasst haben, deinen langsamen Selbstmord zuließen.« Sie liegt bewusstlos da, aber ich weiß, ich glaube fest daran, sie wird wieder gesund, ich glaube es, obwohl es keiner mehr glaubt und der Leichenschlitten schon gekommen war, um sie abzuholen. Sie atmet, atmet, atmet. Sie wird weiter atmen.

Ich bringe ein paar Bretter und feure den Ofen an. Noch am selben Abend bekommen Albertas und Platinskas drei Jahre Haft. Albertas Mutter stand nicht mehr auf, er konnte noch laufen, schwankte aber wie ein Betrunkener. Seine Mutter hatte ihn um Brot gebeten. »Mama, woher kann ich es nehmen?« – »Stiehl es.« In der Nacht schlich er mit Platinskas leise aus der Baracke heraus. Beide gelangten in die Bäckerei, jeder nahm zwei Brote, aber angesichts von so viel Brot wurden sie ganz trunken – sie konnten die Bäckerei einfach nicht mehr verlassen. Auf der Stelle waren sie über das Brot hergefallen – in jenem Moment fürchteten sie sich weder vor der Wache noch vor dem Gericht, noch vor Gefängnis. Jeder hatte sofort einen Laib verschlungen und sie wären wahrscheinlich an Völlerei gestorben, sogar auf ein Erdbeben hätten sie nicht reagiert. Die Wache hatte die beiden auf frischer Tat ertappt, das Brot war fast aufgegessen. Jeder Laib – 3 kg. Für die Anfertigung des Festnahmeprotokolls wurden die

Männer zum Arrestlokal getrieben. Unterwegs haben sie unaufhörlich Brot verschlungen, verschlungen, verschlungen, um einmal satt zu werden. Albertas meinte später, er wurde trotzdem nicht satt, obwohl sein Magen schon voll war und er nicht mehr konnte. Seine Mutter ist zwei Tage nach Albertas Festnahme gestorben, ohne das Brot gesehen zu haben.

Dzikas und ein anderer Litauer wurden wegen der Fälschung von Essensmarken verurteilt. Am Ende hatten sie kein Brot bekommen, sondern jeder drei Jahre ...

Am nächsten Tag wurde Boris Charasch wie ich wegen der Bretter verurteilt. Er war fünfzehn, ein außergewöhnlich schöner jüdischer Junge. Er hatte wie ich die Strategie der Schuldbekennung verfolgt – für das Gericht nichts Neues mehr. Boris hat ein Jahr bekommen.

Unsere Baracke ist ein echtes Krankenhaus. Der Skorbut befällt einen nach dem anderen. Alle sind krank. Ich könnte jedem, der mal hinterm Polarkreis war und der wagt zu behaupten, er sei damals nicht am Skorbut erkrankt, direkt ins Gesicht spucken. An Skorbut leidet hier jeder, der einzige Unterschied besteht darin, wie weit fortgeschritten diese Erkrankung ist. Alles beginnt mit blutendem Zahnfleisch. Es verfärbt sich bläulich, schwillt an. Danach werden die Zähne locker und fallen dann aus – sie brechen ohne Schmerzen, was bleibt, sind die Wurzeln. An den Beinen öffnen sich die Wunden. Monatelang verspürt man keine Schmerzen, erstaunlich, dass keine Infektionen entstehen – die dreckigen Hosen kleben ja ständig in den offenen Stellen. Vielleicht sind es die Läuse, die alle Bakterien in den Wunden auffressen. Schmerzen bereiten meist die Kniegelenke und die Wadenmuskeln. Das Einzige was hilft ist viel Bewegung, wenig liegen, möglichst viel laufen. Morgens fällt es einem nicht leicht, die angezogenen Knie zurückzubiegen – sie sind steif und schwer wie Blei. Erstmal kriecht man von der Pritsche herunter, dann fängt es an zu kribbeln. Bohrender Schmerz am Herzen. Die Waden fühlen sich an, als ob unzählige Messer in ihnen steckten. Wir schleppen uns fast auf allen Vieren aus den Baracken heraus.

Wir fahren Brennholz für das Büro, die Bäckerei und fürs Badehaus, das bald eröffnet wird. In meiner Brigade sind nur fünf Frauen – Krikštanienė, Štarienė, Prapuolenienė, Nausėdienė und ich. Ich rede auf sie ein, sich zu beeilen, weil ich Angst habe, zu spät zur Schule zu kommen. Das ist jeden Tag so. Nacheinander kriechen wir aus der Baracke, binden uns die Schlingen um die Schultern und gehen mit den leeren Holzschlitten los. Gebeugt watscheln wir langsam mit auseinandergespreizten Beinen, damit die wunden Waden sich nicht berühren. Der erste Kilometer ist schmerzhaft und schwer, die Beine sind ganz starr und steif. Jetzt kann ich meine Großmutter verstehen, als sie häufig klagte, dass sie wegen Schmerzen in den Beinen nicht mehr laufen konnte. Sie watschelte auch und hat sich nur sehr langsam bewegt, es war deutlich zu sehen, dass ihr jeder Schritt schwerfiel. Nun bewegen wir uns genauso, der Anblick ist wahrscheinlich sogar noch erbärmlicher. Vor uns erstreckt sich die kilometerlange vereiste Mündung der Lena. An Stellen, die frei von Schnee sind, ist das Eis glatt wie ein Spiegel. Man hört dumpfes Krachen wie Geschützlärm, das Eis bebt und bekommt tiefe Risse. Wir halten an, wollen eine Pause einlegen, wohlwissend, dass es hinterher noch schwerer sein wird, unsere starren Bleibeine wieder in Bewegung zu bringen. Wir setzen uns auf den Schlitten. Wir sind nur ein kleiner Fleck in der erhabenen, dumpf dröhnenden Lenamündung. In der Ferne erblicken wir ein Ufer, Trofimowsk. Wir sehnen uns danach, unsere schmerzenden, versagenden Beine auszustrecken, aber wenn wir das täten, ist die Gefahr zu groß, dass sie ganz und gar steif würden – und wer bitte bringt uns dann zurück in die Baracke? Also schleppen wir uns gebeugt weiter voran. Die Brigade von Staniškis überholt uns. Staniškis wandelt schaukelnd wie im Traum. Wie ein dürrer Stock, auf dem ein grüner Offiziersmantel baumelt. Meine Hände werden in den Handschuhen steif, ich klopfe sie gegeneinander bis es weh tut, aber es hilft nichts. Falls ich mal muss – meine Blase ist entzündet – pinkel ich einfach in die Hose, denn selbst wenn ich es schaffen würde, die Hose aufzuknöpfen, würde es mir bestimmt nicht mehr gelingen, sie wieder zuzuknöpfen. Hinter uns liegen bereits neun Kilometer – gefühlte 150. Unsere hölzernen Spaten durchdringen nur schwer den harten, tiefen Schnee, hier und da finden wir einen Scheit Holz, einen Baumstumpf oder einen Balken, vom Fluss angetrieben und ausgespült. Štarienė stapelt das Holz geschickt – es entsteht ein hohler Bau, in dessen Inneren ein Mensch kauernd sitzen könnte. Ein Loch an der Seite des Baus wird mit Baumstümpfen verdeckt. Nun sieht es aus, als hätten wir zwei Kubikmeter Holz gesammelt, in Wahrheit wird es wohl kaum einer sein. Wir befestigen das Holz mit Seilen und spannen uns selbst vor den Schlitten. Die Schlittenkufen gleiten nur sehr schwerfällig, sie sind aus breiten Baubrettern gebastelt. Staniškis hat es viel leichter, er kommt aus der Gegend von Panevėžys wie Vanagas, daher hat dieser ihm einen guten, mit Eisen beschlagenen Pferdeschlitten besorgt.

Langsam wird die dunkle Polarnacht zum Tag, der hellste Moment ist ein milchiges Dämmerlicht. Aber auch das Dämmerlicht ist angenehm, nachdem man monatelang in der Finsternis verbracht hat. Nach und nach, mühsam und abgekämpft, bewegt sich unsere Karawane aus fünfzehn Schlitten mit eingespannten »Zugpferden« – litauischen und finnischen Sklaven – wie eine Beerdigungsprozession. Sie zieht sich über Kilometer hin.

Wir mobilisieren unsere letzten Reserven, fast auf allen Vieren, dicht über der Erde kriechen wir voran. Der Schlitten will nicht gleiten, jeder Schritt zehrt an unseren letzten Kräften. Wenn die Schlinge nicht wäre, mein Gespann, in dem ich hänge, würde ich wahrscheinlich hinfallen. Ich friere an Füßen und Händen. Das fürchterliche Kopftuch, das mein ganzes Gesicht verdeckt, ist durch den feuchten Atem ein harter Eisbrocken geworden, der keine Luft mehr durchlässt. Ich sehe nichts – meine Wimpern sind zusammengefroren. Wie jämmerlich und lächerlich klein sind wir im Angesicht der majestätischen Arktis. Wie »Die Wolgatreidler« von Repin.

Das ist die wahre Hymne der menschlichen Arbeit! Vor dem Hintergrund der Eisberge und Schneefelder sehen die eingespannten Menschen aus wie Läuse. Wir glauben nicht, Trofimowsk jemals zu erreichen, obwohl die Insel zum Greifen nah zu sein scheint. Diese Täuschung ist für uns blanker Hohn. In der Arktis ist es immer so: Die Stunden vergehen wie Jahre, sie dehnen sich in alle Ewigkeit. Ich habe das Gefühl, dass ich seit meiner Geburt nichts anderes mache, dass ich nur schleppe, diesen verdammten Wagen ziehe und doch nicht vom Fleck komme.

Ich erinnere mich gut an Repins Gemälde »Die Wolgatreidler«. Wer von uns würde nicht den Platz mit einem der Treidler tauschen wollen? Das Schleppen der Schiffe die Wolga entlang wäre für uns nach der Polarnacht in Trofimowsk wie ein Kuraufenthalt an der Riviera. Irgendjemand hat uns geraten, wir sollten – wenn wir den Wagen voller Brennholz nach Trofimowsk schleppen – über etwas nachdenken, von etwas träumen oder uns an etwas erinnern, so würde die Zeit schneller vergehen. Aber das ist nur den Wolgatreidlern von Repin möglich! Deren Strapazen erscheinen mir jetzt wie ein Spaziergang, wenn ich sie mit uns vergleiche – mit einer Kavalkade von krepierenden Schindgäulen. Ich habe früher in Kaunas häufig den Gäulen zugeschaut, die nicht mehr im Stande waren den Wagen zu ziehen – ich versuchte zu erraten was sie wohl denken. Jetzt weiß ich aus eigener Erfahrung – sie denken gar nichts. Im Kopf ist kein einziger Gedanke, man bewegt sich wie eine Maschine, wenn man anhält, fällt man um und wahrscheinlich kommt man danach nie mehr hoch. Ich merke, wie ich mich nach und nach in ein Tier verwandle, ein verendendes Tier auf dem Eis, eingespannt in einen Wagen, einen viel zu großen Wagen für meine verbliebenen Kräfte. Ich weiß, im Kopf des Gauls ist kein einziger Gedanke mehr. Wenn wir ankommen, werden wir unsere übliche Ration zu essen bekommen und ein Stück Brot – diese Aussicht zieht uns wie ein Magnet nach Trofimowsk. Damit der Aufseher keinen Verdacht schöpft, stopfen wir die Löcher, die das hohle Innere unseres Holzbaus verrät.

Der Berg vor uns – das ist Golgatha. Hier ist unser Leidensweg zum Kalvarienberg. Wir stolpern, rutschen aus, verfangen uns in unserem Gespann, der Strick schnürt mir den Brustkorb so ab, dass ich glaube, bald wird Blut aus meinem Mund spritzen. Auf diesem Berg, ich erinnere mich, habe ich das erste Mal erfahren, was körperliche Schmerzen sind. Als ob jemand mein Herz mit einer Zange greifen würde. Das junge Herz in einem heranwachsenden Körper protestiert gegen eine solch übermäßige Belastung, ich werde immer wieder bleich, manchmal bin ich kurz vor der Bewusstlosigkeit. Der Leichenstapel auf dem Hügel von Trofimowsk hat auf mich weder Eindruck gemacht noch Angst ausgelöst, es steht in keinem Vergleich zu dem, was ich auf diesem Golgatha empfinde. Die derbsten Flüche habe ich hier, auf diesem verdammten Berg, von mir gegeben. Jedes Mal, wenn wir den Berg besteigen mussten, hilflos in unserem Gespann hingen, uns abrackerten, verwandelten wir uns in wilde Tiere, wir waren bereit, jeden in Stücke zu reißen, der satt ist und nicht arbeitet. Aber jetzt ... wir beißen die Zähne zusammen – und irgendwie kommen wir den Berg hoch. Ich beobachte Vanagas, der unser gesammeltes Holz ausmisst. Für jeden falsch berechneten Zentimeter sind wir bereit ihm die Fresse zu polieren. Ihm, der nicht weiß, dass jedes Holzstück unser Blut und unsere schwindende Lebenskraft ist.

Wenn Mutter krank ist, kaufe ich das Brot, aber ich kann heute nicht so lange warten – die Schlange ist sehr lang – der Schuldirektor wird wieder mit mir schimpfen. Ich kehre in die Baracke zurück, nehme die Bücher, ein Tintenfass und mit leerem Magen tappe ich langsam zur Schule. Die zweite Stunde hat bereits begonnen. Ich trete in das Klassenzimmer, ohne es geschafft zu haben, mein vereistes Kopftuch abzunehmen und ohne die kleinen Eisstücke vom Gesicht gekratzt zu haben.

»Warum kommen Sie immer zu spät?«, fragt Guljaew.

» Ich habe bis eben die Holzstämme ausgefahren. Ich komme von der Arbeit.«

»Das kann ich nicht länger dulden – entweder arbeiten Sie oder Sie lernen. Wenn das so weitergeht, müssen Sie die Schule verlassen.«

Ich schweige.

»Dalia, kommst du wirklich direkt von der Arbeit?«, fragt mich Pticewa.

»...«

»Hast du schon Mittag gegessen?«

»Nein, Nastja, ich habe es nicht mehr geschafft – die Schlange war so lang, ich hatte Angst, zu spät zu kommen.«

Ich spüre ein Ziehen in meinem Brustkorb – dies ist schon der zweite Tag mit leerem Magen. Ich sitze auf der Bank. In der Pause fehlen mir die Kräfte aufzustehen und zum Ofen zu gehen. Diese Holzstämme haben meine Gedärme und meinen Magen zerstört – ich fühle mich wie eine achtzigjährige Greisin. Meine Beine sind Holzklötze. Ich sitze und stütze den Kopf auf meine Hand, als das Jetzt mit seinem Klassenlärm irgendwohin verschwindet. Ich sitze in meinem alten Gymnasium, sehe die lieben, teuren Gesichter von R., Z., B. Das Gymnasium, Litauen, mein Zuhause, meine Kindheit ... Hatte ich überhaupt ein Zuhause? Hatte ich Eltern? Gab es tatsächlich Menschen, die sich um mich gekümmert haben, denen es wichtig war, dass ich nicht ohne Gummistiefel auf die Straße gehe und mein Schulbrot nicht vergesse? Ich rieche den Duft von Brot, das macht mich fast irre. Irgendjemand berührt meine Hand. Pticewa schiebt mir etwas in Zeitungspapier Gewickeltes zu – wahrscheinlich ein Stück Brot. Ich weiß, sie ist nicht so wahnsinnig hungrig, ihr Vater ist Fischer.

»Nimm das, ich brauche es nicht.«

Blut schießt mir in den Kopf. Ich schäme mich. Almosen. Von einer Klassenfreundin! Mein Stolz lässt es mich nicht annehmen:

»Nimm das zurück, ich habe genug.«

In ihren schmalen Augen lese ich inbrünstiges Flehen und tiefes Mitleid. Also so sehe ich aus ... wie eine bemitleidenswerte Person. Lieber Hass in den Augen, bitte kein Mitleid. Oh nein, lieber einen Hieb verpasst bekommen, weitere drei Tage kein Essen, nur nicht dieses Mitleid! Das trifft direkt ins Herz, ist schmerzhafter als Hunger.

Ich stütze den Kopf auf meine Hände, stumm fließen die Tränen. Meine Kehle ist wie zugeschnürt, obwohl ein lauter Schrei heraus will. Das Heft wird nass und nässer, die Tränen fließen weiter auf den Tisch. Warum sie so fließen, weiß ich nicht. Ich weiß – nur noch eine Minute länger und ich werde den Schrei nicht mehr halten können, er kommt direkt aus meiner Brust und ich werde laut weinen. Im Klassenzimmer herrscht Stille. Wir, wir sind Erwachsene, auch wenn wir erst fünfzehn Jahre alt sind. Pticewa schmiegt sich an mich. Sie versteht alles. Alles.

Wir sind nur zu fünft in unserer Klasse heute. Semjonov ist fischen gegangen, 150 km von hier entfernt. Kekonen wurde heute beim Stehlen erwischt, daraufhin hat ihn Guljajew der

Schule verwiesen. Guljajew selbst schleppt aber auch Lebensmittel nach Hause – Brot, Butter, Zucker. Er hat ihn mit großen Augen wütend angeschaut, Kekonen dann am Kragen gepackt und gegen die Tür geschleudert.

»Diebe kann ich hier nicht gebrauchen!«

Kekonen drehte sich um und sagte:

»Du ... du ... bist selbst ein Dieb, Direktor!«

Und dann ist er durch die Tür geflohen. Tautvilas kann kein Russisch, er wurde in die sechste Klasse runtergestuft. Jetzt sind wir nur noch zu dritt.

»Ich löse die siebte Klasse auf. Es lohnt sich nicht, den Lehrerinnen nur wegen euch dreien ein Gehalt zu zahlen. Ihr seid jetzt frei.«

Vor meinen Augen wird es plötzlich dunkel, als hätte ich einen Schlag versetzt bekommen.

Professor Vilkaitis und Staniškis sind an Durchfall gestorben. Vilkaitis war Wächter in Konstantinowka. Vor ein paar Wochen ging Zigmas Steponavičius, ein ehemaliger Student von Vilkaitis aus der Studienzeit in Dotnuva, durch die Baracken und suchte nach einer Handvoll Reis für seinen Professor. Wer kann den schon hergeben, wenn jeder selbst an Durchfall leidet. Man gibt nur das, was man hat – so sagt man doch. Zigmas hat Trawkin gebeten, ihm 200 Gramm Reis zu geben, aber wird er es tun?! Durchfall ist das letzte Stadium vom Skorbut. Der Mensch verliert seinen Appetit nicht und bittet darum, dass man ihm zu essen gibt, er klagt, sein Magen sei leer, er würde vor Hunger sterben ... Die Ärztin hat strengstens verboten, den Durchfallkranken Essen zu geben. Die Kranken bekommen ihre Essensration nur als helles Brot. Dieses trocknen sie dann und essen es. Aber sie sterben einer nach dem anderen. Es gibt nur ein Heilmittel gegen diese Krankheit: fettiges und nahrhaftes Essen zu sich zu nehmen. Ich weiß nicht mehr, wer genau das getan hat und in welcher Baracke, aber dieser Mensch dachte, er würde sowieso sterben, weil alle Durchfallkranke rundherum starben – daran würde kein Weg vorbeiführen. Er hatte nur einen einzigen Wunsch – sich noch einmal vor seinem Tod sattzuessen. Tatsächlich ist er nur der Gewohnheit nachgegangen, Hunger zu haben, es war eher Hunger nach Essenslust, weil ein Durchfallkranker gar keinen Hunger mehr spürt. Er bekam seine Portion Butter, 500 g Zucker und eine amerikanische Pastete. Er hat die Butter samt dem Zucker verschlungen und seine Tagesration Brot und Konserven aufgegessen. Alle verfolgten mit hungrigen Augen jeden seiner Bissen und dachten, dass er bald im Sterben liegen wird. Aber es geschah ein Wunder – der Durchfall hörte auf. Der Mann fing an mehr zu essen und irgendwie ist er heil herausgekommen. In unserer Baracke haben mein Bruder und Grockis Ähnliches erlebt.

Die Brigade von Abromaitis und Tamulevičius schafft die Leichen auf einen Hügel. Sie pendeln zwischen den Baracken und dem Hügel mit einem Haufen von Leichen auf dem Schlitten. Die meisten Leichen sind nackt, andere sind in Laken gewickelt. Keiner schafft es, sie auf dem Hügel zu begraben. Sie liegen zu einem Haufen getürmt, gefroren wie Holzstücke. Die Polarfüchse, die nichts anderes zu fressen haben, nagen sie an. Misevičienė, die Frau des Gymnasialdirektors, geht jede Nacht zu diesem Friedhof und schleppt die auseinandergezerrten Leichen wieder auf den Haufen. (...)

In der siebten jüdischen Baracke ist Gamzienė gestorben. Eine hübsche, vierzigjährige Jüdin. Eine ehemalige Fabrikantin. Im Altai-Gebiet haben wir in derselben Baracke gewohnt. Sie war eine sympatische und herzliche Frau, sie liebte ihren Sohn Nolja sehr – einen großen, schlanken, sehr begabten und intelligenten achtzehnjährigen Jungen. Jeden Abend saß ich mit Nolja neben dem Ofen. Damals waren wir noch nicht hungrig und lebten in der Illusion einer baldigen Heimkehr. Nolja schloss seine Augen und sang mit seinem tiefen Bass (...)

Tamulevičius geht mit seiner Brigade in die siebte Baracke, um Gamzienė abzuholen. Neben ihr liegt der Sohn. Er ist krank, und weil er so lange lag, sind seine Zehen erfroren. Jetzt haben seine Füße Gangrän. Die Läuse kriechen über das Gesicht von Gamzienė, über ihre Brust und krabbeln auf ihren Sohn und den Nachbarn rechts. Tamulevičius hat ein Brotstück auf der Brust entdeckt, das die Sterbende zwischen ihren Lumpen versteckt hatte. Auch über das Brotstück krabbelt ein Pulk von Läusen. Tamulevičius streckt seine Hand aus und holt sich blitzschnell das Brot, schüttelt eilig die Läuse ab – es verschwindet in seinem Mund. Die Lumpen von Gamzienė sind an die vereiste Steinwand angefroren. (...)

Ein schwerer, erschöpfender, ganz normaler Arbeitstag ist vorbei. Ich sitze am Ofen. Wie immer brennen in ihm die gestohlenen Bretter. Strafe hin oder her, aber man muss einfach weiter stehlen, deshalb klauen wir der Reihe nach. Wir gehen immer zu zweit, damit einer aufpassen kann. Nur Nausėdienė geht nie, sie bringt es nicht über sich, ihr ganzes Wesen sträubt sich dagegen – nicht einmal einen staatlichen Lumpen hat sie jemals eingesteckt. Sie hat sich nicht verändert. Anfangs haben wir uns über sie gewundert und sahen in ihr ein schwarzes Schaf, später hat uns ihre Gewissenhaftigkeit genervt. Wir dagegen hätten sogar das Dach von Sventickis' Haus abgetragen. Sie empörte sich nicht über uns, prinzipientreu wie sie ist, sagte sie nur: »Glaubt mir, ich kann es nicht.« Also ließen wir sie in Ruhe, schon deshalb, weil sie einfach ein besonderer Mensch ist.

Am ersten Weihnachtstag, noch bevor wir mit dem Holz das Ufer des Flusses erreicht haben, beginnt ein Schneesturm. Wir können nicht mit leeren Händen zurückkehren. Und unsere Rückkehr wird zum Alptraum. Der Weg ist zugeschneit, überall liegen Berge von neuem, weichem Schnee, in den wir versinken. Wir können uns nicht auf den Beinen halten, schwanken, stürzen und verheddern uns in unserem Gespann. Der Wind peitscht von der Seite, wirft unseren Schlitten mit Holz um, reißt die Stangen des Gespanns aus, und alles fliegt im heulenden Wind noch einige Meter weiter. Wir kommen vom Weg ab.

Auf uns legt sich die Dunkelheit der Polarnacht. Wir erkennen uns im Dunklen nicht mehr und werden langsam zu Statuen aus Schnee und Eis. Schnee in den Handschuhen, im Nacken, in den Hosen. Totoraitytė erfrieren die Zehen, sie hat löchrige, alte Filzstiefel. Sie baumelt im Seil hin und her, kann nicht mehr ziehen, kann kaum noch laufen. Schon wollen wir alles stehen lassen und jede will sich allein auf den Weg machen – das wäre immerhin besser als gemeinsam umzukommen. Vielleicht kann sich noch jemand in dieser Weihnachtsnacht retten? Aber Krikštanienė – diese wunderbare Frau, die mutig ist wie ein Mann, die niemals ihren klaren Verstand verliert, ermahnt uns, nicht auseinanderzugehen. Kurz darauf erreichen wir Konstantinowka, und mit Gegenwind im Gesicht schleppen wir uns langsam weiter nach Trofimowsk. Der Schneesturm wirft uns noch einige Male mit dem Schlitten um, aber der Berg – unser Golgatha ist bald bezwungen.

Vanagas nimmt uns unsere Arbeit ab – er misst das von uns gebrachte Holz mit bloßem Auge und sagt, wir sollten das Ganze in den Schulhof schaffen. Die letzten 200 Meter bis zum Schulhof sind die qualvollsten. Dann halten wir endlich an und brauchen lange, bis wir uns aus den Seilschlingen befreit haben. Wir fünf, ohne ein Wort zu sagen, schweigend.

Vanagas ist längst zurück in seiner Bude. Ob wir das Holz hier abladen werden oder nicht – keiner wird es sehen. Und später können sie versuchen, das Gegenteil zu beweisen ... Ein kurzer

Dalias Erstkommunion.
Kaunas, 18. September 1938

Augenblick und wir setzen unseren Schlitten in Bewegung – zu unserer Baracke. Nausėdienės Herz sträubt sich wahrscheinlich dagegen, aber zum Teufel, auch ihr wird es angenehm sein, sich Weihnachten am heißen Fassofen zu wärmen. Unterwegs treffen wir Direktor Mawrin, in einen Pelz gehüllt. Er denkt wahrscheinlich, wir bringen das Holz in die Krankenbaracke. In fünf Minuten ist unser Schlitten abgeladen und das Holz in die Baracke geschafft. Das Öflein glüht. Außer drei verdienten Rubeln in der Tasche noch eigenes Holz.

In der Baracke mit ihrem Eispanzer stolpere ich schon wieder über etwas ... ekelhafter Dampf ... es stinkt nach Urin.

Wir sind durchgefroren, Reif auf unseren Gesichtern – große, weiße Flecken. Wir reiben sie mit Schnee. An der Taille – Wunden.

Krikštanis zerhackt bereitwillig das Holz.

»Barniškienė, nimm dein Kind weg, ich muss jetzt Holz hacken.«

Hinter mir ist der Baumstumpf, auf dem wir Holz hacken; es liegt etwas Weißes darauf. Ich gehe hin, bücke mich und ertaste den toten Körper eines kleinen Kindes. Der kleine Barniškiukas ist heute gestorben.

»Ich weiß nicht, wohin mit ihm.«

»Schieb ihn einfach unter die Pritsche.«

Einen Augenblick lang schimmert weiß ein Kinderkörper vor meinen Augen und verschwindet dann.

Albertas kommt in unsere Baracke. Er will sich verabschieden und gibt jedem die Hand. Ich sitze am Feuer. Albertas setzt sich zu mir, zündet sich eine Zigarette an, dann gibt er mir etwas von seinem Tabak. Ich drehe mir auch eine. Wir schweigen.

»Ich freue mich, Dalia, dass ich bald aus dieser Hölle raus bin. Im Lager von Stolby wird es nicht schlechter sein, es kann nicht schlimmer werden. Meine Mutter ist nicht mehr da. Die drei Jahre im Lager werde ich durchhalten. Danach kehre ich ins Leben zurück. Dann werden wir, Dalia, leben. Wunderbar leben. Alles werde ich aushalten. Ich hätte nie gedacht, dass ich so sehr am Leben hänge.«

Albertas kommt meinem Gesicht ganz nah und fügt mit Nachdruck hinzu: »Wir sind doch jung, wir werden leben, wir schaffen es.«

Bevor ich losziehe, um Holz zu holen, krieche ich aus der Baracke und bleibe auf dem Dach stehen. Das Dach ist auf der gleichen Höhe wie die Schneemassen rundherum. Unsere Baracke liegt tief unterm Schnee. Das Wetter ist unstet. Schneegestöber streift leicht über die Erde, ist aber noch kein Schneesturm. Eine Gruppe von Verurteilten, etwa 30 Leute, steigen das Ufer hinab. Unter ihnen sind viele Litauer. Ich sehe Dzikas, Riekus, einige Frauen und Boris Charasch. Petrikas treibt sie mit einem Maschinengewehr an, er ist Litauer und hat sich freiwillig für diese unangenehme Aufgabe gemeldet. Ich sehe die schmale Gestalt von Albertas, er trägt einen dünnen blauen Herbstmantel. Mein Gott, ist das nicht der reine Irrsinn – Albertas ist ja unschuldig. Er wird diesen Weg nicht schaffen. Das ist, als ob man die Hand in kochendes Wasser hielte und dabei hofft, dass man ... die Füße nicht verbrennt. Albertas dreht sich um und winkt mir zu. Der Wind wird leiser, aber das Schneetreiben wird stärker. Die Gruppe verschwindet bald im Schneegestöber. Ich kann den großen Berg von Stolby auf der anderen Seite des Ufers nicht mehr sehen, nicht einmal mehr den Golgathaberg auf dieser Seite des Ufers. Macht es gut, noch einmal, lebt wohl. Plötzlich ist der Sturm da – er heult auf, grollt und Schnee verdeckt alles. Langsam verschwimmt alles.

In der Nacht träume ich von Albertas. Er geht über eine Wiese voll wunderschöner Blumen und pflückt sie. Plötzlich sehe ich seine schönen, hellblauen Augen. Sie sind traurig, sein helles Haar ist vom Wind zerzaust. »Es ist vorbei« sagt er, zittert und schließt seine Augen. Ich springe von meiner Pritsche auf und schreie. Draußen antwortet mir ein fürchterliches Geheul. Himmel und Erde werden eins. Unsere Baracke bebt, der Sturm dringt durch die Risse; er tanzt und tobt wie ein Irrer – auf die zitternden, mit Lumpen bedeckten Menschen fällt Schnee. Hier, hinterm Polarkreis wütet die Natur, fegt alles aus dem Weg oder lässt es erstarren. Sie tötet alles Lebendige. Geheul, das einen beinahe taub werden lässt, wird zu gewaltigem Krach. Eine solche Naturgewalt fordert ihre Opfer.

Sie haben Stolby nie erreicht. Gott, grausamer Gott, wo bist du? Wo bleibt deine Gnade? Du stehst hilflos vor dieser irrsinnigen Kraft. Du bist nicht da. Du bist eine Skulptur aus Lehm. Albertas ...

Das schreckliche Geheul lässt langsam nach und erstickt schließlich wie ein altes Tier. Der Schneesturm hat sich beruhigt.

Boris Charasch und Riekus sind die einzigen, die zurückgekommen sind. Sie hatten bereits fünf Kilometer geschafft, als der Schneesturm anfing. Sie hatten noch nicht einmal das andere Ufer der Lena erreicht. Sie wussten nicht mehr, wo Stolby und wo Trofimowsk war. Sie wollten zurückkehren, aber jeder hatte eine eigene Meinung darüber, wo Trofimowsk liegt. Deswegen hatte sich die Gruppe aufgelöst und jeder war für sich gegangen, im Glauben, nur er allein kenne die richtige Richtung. Boris und Riekus haben es gerade noch geschafft. Sie waren zufällig auf die aufgetürmten Holzbalken gestoßen und dann weiter zu den Baracken gekrochen. Eine Hand von Boris ist erfroren und jetzt von Gangrän befallen. Die Hand sieht schwarz aus. Er ist in der siebten Baracke untergebracht, seine schwarze Hand liegt tot neben ihm. Das noch kindliche Gesicht des Fünfzehnjährigen ist von Schmerzen verzerrt. Er beißt auf seine Lippen, schluckt seine Tränen. Er will nicht aufgeben, deshalb singt er Opernarien so laut er kann. Manchmal hört er auf zu singen und schreit ganz fürchterlich.

Ein sehr hübsches, abgemagertes, jüdisches Mädchen schmiegt sich an ihn und zittert am ganzen Körper. Es ist gruselig, wenn Boris in der finsteren Baracke singt: »Bring mich zum Lachen, Narr ...« Dann wird es kurz still. »Gott, mein Gott!«, schreit Boris wieder, »Ich habe doch mit dieser Hand noch nie eine Frau gestreichelt, warum hast du sie mir weggenommen?« Dann wird er ohnmächtig.

Bei Riekus sind die Füße erfroren. Vielleicht schafft es, nicht von Gangrän befallen zu werden. Sonst ist niemand zurückgekehrt. Auch die Leichen wurden bisher nicht gefunden. Alle waren auseinandergelaufen und sind umgekommen im Labyrinth der Lenamündung oder in der Tundra hinter Trofimowsk. Oder in den Felsen von Sardach, deren Eisspitzen so herrlich in der Sonne leuchten. Noch bevor die Polarnacht kam, wurden die Leichen von Petrikas und Dzikas zufällig gefunden. Ein Jakute hat sie entdeckt, als er mit seinen Schlittenhunden vorbeifuhr. Er sagte, er habe die Körper begraben. Das behauptet er zumindest. Auf nimmer Wiedersehen, Albertas.

»Wir werden leben, Dalia. Ich spüre es, wir werden alles aushalten, alles ...« Auf nimmer Wiedersehen, Albertas.

Boris Charasch liegt in der Krankenbaracke. Jeder Tag, jede Stunde ist ein kräftezehrender Kampf gegen den Tod, gegen die schrecklichen Klauen der Arktis, bei jedem Schritt im Eis und Schnee schreit es dir zu: »Stirb, stirb nur, erfriere, verrecke, sei unsere Beute!« Wir sind abgestumpft, uns berührt kaum noch etwas. Leichen, Typhus, Skorbut – uns ist alles egal. In Trofimowsk sind draußen kaum Menschen zu sehen, jeden Tag wächst der Leichenberg aus nackten, erfrorenen, toten Körpern. Wann sind wir an der Reihe? Wir schauen uns an. Das Unerträgliche ist, dass man ganz leicht den nächsten Kandidaten für den Leichenberg erkennen kann: Seine Augen funkeln meist eigenartig und wirken übergroß im ausgemergelten Gesicht.

Jeden Tag kriechen gebeugte Wesen aus ihren Baracken in die Dämmerung der Polarnacht. Drei Stunden bevor Zagurskienė ihren Laden öffnet. Gäbe man ihnen eine Sense – sie würden wie der Tod selbst aussehen. Brennende Kälte. Der Wind treibt den Schnee über die Ebene. Wir schmiegen uns aneinander. Jeder versucht so weit wie möglich zur Ladentür vorzudringen. Eiskalt. Zu uns stoßen immer mehr Leute – Finnen, Litauer, Juden. Direkt vor mir steht ein junger Finne, seine Brust ist nackt. Er trägt eine Wattejacke. Seine Augen sind leer und ausdruckslos, das Gesicht ist bleich, fast gelblich. Er sagt etwas zu mir – seine Lippen bewegen sich, aber es ist keine Stimme zu hören. Er bietet mir an, seine Tagesration Brot zu kaufen. Die Minuten und Stunden vergehen nur schleppend. Er ist einfach umgekippt und gestorben, während er in der Schlange stand, der Finne. Seine Augen stehen offen. Er wird zur Seite geschleppt. Ein geschwächter, groß gewachsener Litauer zieht ihm die Brotkarte aus der Wattinka. Zumindest heute bekommt er dafür zusätzlich 300 g Brot. Keiner macht Anstalten, den Laden pünktlich zu öffnen. Erst eine halbe Stunde später wird aufgemacht. Die Menschen drängeln sich gegenseitig zur Seite und steigen über die Türschwelle. Diejenigen, die noch kräftiger auf den Beinen sind, stoßen die Wackligeren zur Seite.

Das Brot wird gebracht. Es ist frisch und riecht betörend. Vor mir steht ein Litauer, wahrscheinlich einer vom Land. Über seinen Hals und die Rückseite seiner Wattejacke krabbeln Läuse – langsam, majestätisch, sachte. Sie krabbeln zu mir. Vielleicht werde ich jetzt mit Typhus angesteckt. Ich habe keine Kraft, mich von seinem Rücken abzuwenden – von hinten stützt sich jemand auf mich. Schlange. Jeden Tag in der Schlange, es ist eine Qual, genauso wie das Schleppen des Schlittens voller Holz bei der Arbeit. »Konnte ich in Litauen so viel essen, wie ich wollte? Warum habe ich damals so wenig gegessen? Wird es jemals wieder eine Zeit geben, in der ich so viel Brot haben kann, wie ich möchte?« Mir ist schwindlig, in meinen Schläfen pocht es, vor meinen Augen wird es dunkel. Ich merke, wie ich den Boden unter den Füßen verliere, schließe aber meine Hand fest um die Lebensmittelmarken. Ich komme wieder zu mir. Ich liege neben dem Laden. Im Schnee. Mein Mund ist voller Schnee, der Schnee ist durch meine Mütze in die Ohren gedrungen. Ich reihe mich wieder in die Schlange ein. Spät abends bekomme ich mein Brot. Der Arbeitstag ist um. Krikštanis steht hinter der Ladentür und verschlingt Brot. Er frisst es seiner Frau weg.

Meine Mutter schleicht umher und hält sich an den Pritschen fest. Ihre Beine sind wacklig und zittern. Krikštanis schaut sie mit seinen hungrigen Augen an, er beobachtet sie. In seinem Blick sehe ich grenzenloses Staunen, er schaut sie an wie ein Kind, das gerade ein interessantes Spielzeug vor sich hat: »Wie konnte sie nur aufstehen, wie schafft sie es noch sich hin und her zu schleppen«, sagt sein Blick, drückt aber auch Unverständnis und Ärger über einen Menschen aus, der derart am Leben klebt und nicht krepieren will. Ich merke, dass ich Fieber habe. Ich habe Angst mich hinzulegen. Wer krank wird und ein, zwei Tage liegen bleibt, dessen Beine werden steif. Später kann man sie dann nicht mehr bewegen. Jasinskienė kam mit schmerzenden Beinen von der Arbeit, am nächsten Tag wäre sie besser einfach weitergekrochen, dann hätten ihre Beine sich wieder langsam bewegt. Aber am Morgen beschloss sie, dass sie nicht zur Arbeit könne und basta. Und blieb liegen. Jetzt jammert sie und schreit jedes Mal auf, wenn ihre Tochter Dalia die Beine berührt. Ein paar Zwiebeln und rohe Kartoffeln würden reichen, damit sie die vom Skorbut befallenen Beine wieder bewegen könnte.

Boris wurde mit einem Hundeschlitten nach Tiksi gebracht – sein Arm wird amputiert. Die Ärztin zweifelt, ob es nicht zu spät ist, weil der Arm schon ganz von Gangrän befallen ist. Sventickis wiederholt bei jeder Gelegenheit: »Budete snat, schto snatschit worowat gosudarstwennoe imuschtschestwo. U nas zena sa dosku – ruka.«* Wenn ein Schneesturm lange wütet und wir der Siedlungsleitung kein Brennholz von weiter weg holen können, müssen wir ihnen Baubretter bringen. Sie haben Angst vor der Kälte in ihren Holzhäusern. Das macht mich wütend: Ich stehle die Bretter genauso wie vorher, sehr zornig, um Sventickis zu ärgern, der Boris umgebracht hat. Bei starkem Schneesturm gehe ich nicht mal bis zum Lagerhaus, um die Bretter zu stehlen, sondern klaue das fertige Brennholz direkt vor seinem Haus; wenn dort zerhackte Bretter liegen, nehme ich die, sind es zerkleinerte Baumstämme – dann eben die. Wir sind auch Lebewesen, auch wir würden gern an einem warmen Ofen sitzen, während draußen der Sturm tobt. Wir haben es satt, wie Hunde in der Kälte zu krepieren und zitternd sehen zu müssen, dass du selbst immer genug Holz zum Heizen hast, du Columbus der Arktis!

Ich empfinde einen unsäglichen Hass gegen ihn. Er ist satt, seine Frau leitet den Laden. Brot interessiert sie nicht. Sie fressen sich mit amerikanischen Konserven und Kondensmilch voll, die die sterbenden Kinder noch nicht mal gesehen haben. Wenn wir bei den Baumstämmen arbeiten und uns nur kurz hinsetzen, kommt er sofort mit seinem leichten, lautlosen Raubtiergang und fordert uns auf aufzustehen. Am Anfang des Monats bekommen wir unsere Lebensmittelkarten. Wenn einer von uns an Skorbut erkrankt ist oder so geschwächt, dass er nicht mehr beim Holz arbeiten kann, behält er im Geschäft dessen Lebensmittelkarten ein. Derjenige bekommt dann nur eine halbe Ration Brot und sein Überleben hängt von den anderen ab. Sventickis, diese

---

**Jetzt wisst ihr, was es bedeutet, Staatseigentum zu stehlen. Ein Brett kostet bei uns einen Arm.*

Schlange, hat zum 15. jeden Monats eine Kartenregistrierung eingeführt damit er denjenigen, der nicht zur Arbeit erscheinen, die Brotration streichen kann. Aber wenn jemand nicht zur Arbeit kommt, dann weil er entkräftet ist und sich kaum auf den Beinen halten kann. Fehlen bei der Arbeit ist die Folge von Skorbut; solange man kann, rafft man sich sowieso auf und schleppt sich zur Arbeit. Alle wissen das, nur er, Sventickis, kapiert das nicht. Er sitzt mit seinem Doppelkinn am Schreibtisch, in einem Hemd aus Hundefell, mit warmen Kentschi auf den Beinen und wundert sich: »Hunger? Wo herrscht Hunger? Es gibt keinen Hunger. Ihr bekommt reichlich zu essen …« Mir wird schwarz vor Augen, ich muss mich zusammenreißen, damit ich nicht mit aller Kraft das Tintenfass in seine Visage schleudere oder ihn in den Hals beiße. Juda Golowljow ist absolut harmlos im Vergleich zu diesem Vieh. Seit ich vor Gericht freikam, grüßt mich Sventickis immer nett. Er kneift seine abstoßenden Augen zusammen und sagt: »Nu kak, podsudimaja, a? Cha cha cha. Eto wsjo radi twoego she blaga, schto s maloletstwa utschit worowat. Eto she sozialism. Brat gosudarstwennoe nelsja. Che.«* Ich durchbohre ihn mit meinem Blick. Boris wurde der Arm abgesägt. Auch im Namen des Sozialismus? Sventickis, du falsche Schlange.

Ein Badehaus wurde errichtet. Jeder wird dorthin geschickt. Jetzt sind wir an der Reihe. Wir bringen unsere Kleidung in eine Kammer, in der die Läuse rausgekocht werden sollen, aber ich glaube, dass sie sich dort nur untereinander mischen und weiter vermehren. Die Hitze tötet sie nicht sondern erwärmt sie

---

* *Na, Verurteilte, wie isses? Ha ha ha. Das hier geschieht alles nur zu deinem Besten. Damit du gleich in jungen Jahren das Stehlen verlernst. Wir haben hier Sozialismus. Was dem Staat gehört, darf man nicht nehmen. He.*

nur. Männer baden sonst gewöhnlich separat, aber jetzt ist alles durcheinander: Frauen und Männer sind gemischt. Wir schämen uns nicht mehr. Warum auch, wenn wir uns schon in der Baracke gegenseitig beim Kacken zusehen. Angezogen oder nackt, wir fühlen uns sowieso wie Läuse. Welches Begehren können hervorstaksende Knochen mit gelblich dünner Haut schon wecken? Krikštanienė wäscht ihren Mann, der kaum noch stehen kann und sagt zu Grockis:

»Wenn du mir Kartoffeln oder Brot borgen könntest, würde ich mich für dich interessieren, aber so ...«

Es ist angenehm, sich nackt auszuziehen und die Wärme zu spüren, das erste Mal seit sechs Monaten. Und den ganzen Dreck von meinem von Läusen zerfressenen Körper abzuwaschen. Meine Brust und die Achselhöhlen sind voller Pickel und zerkratzt. Das interessiert aber keinen und keinem ist das peinlich.

Nach dem Bad bekommen wir unsere Kleidung zurück – mit fremden Läusen. Jeder kennt mittlerweile seine eigenen Läuse und plötzlich tauchen andere auf. Noreikienė flucht, dass sie Žukienės Läuse mit Flügelchen bekommen hat. Sie beharrt darauf, dass sie selbst gesehen hat, dass Žukienės Läuse Flügel haben. Noreikienė schüttelt sie ab und kleidet sich an. Die Folgen des Badens sind verheerend. Typhus ist wieder in unsere Baracke eingekehrt. Ganz klar – die Läuse haben ihn übertragen.

»Das Bad ist eine Brutstätte für die Läuse«, sagt Kazlauskas.

Žukienė hat entdeckt, dass ihr irgendjemand Mehl gestohlen hat. Vor einigen Tagen hatte sie ihre goldene Armbanduhr in 8 Zentner Mehl* umgetauscht. Am nächsten Morgen merkte sie, dass ein Teil des Mehls fehlte. Sie schrie und weinte. In der

* *Im Original steht: »Zentner Mehl«. Wahrscheinlich meint Dalia Grinkevičiūtė jedoch 8 kg Mehl. (A. d. H.)*

Nacht zuvor, als wir noch wach auf unseren Pritschen lagen, hatten wir zwar im Dunkeln der Baracke Geräusche gehört aber nichts gesehen. Keiner hatte damit gerechnet, dass sich jemand an den Mehlsack von Žukienė ranmacht. Es folgte eine Durchsuchung im Schein brennender Holzspäne – aber sie blieb erfolglos. Während wir dann ins Badehaus gingen, blieb Juozas in der Baracke, weil seine Füße erfroren waren und er sah, wie Grockis seinen zehnjährigen Sohn Vytutis Wache stehen ließ und den Mehlsack von Žukienė vollends plünderte. Zur gleichen Zeit leerte die »süße Genė«, unsere fromme Štarienė, die Konservenbüchse von Prapuolenienė.

Jetzt liegt Grockis vollgestopft mit Žukienės Mehlpampe da und klagt über Bauchschmerzen. Alle zehn Minuten muss er wegen Durchfall auf die Latrine. Sie wurde schon seit drei Tagen nicht mehr geleert und stinkt wie eine Jauchegrube. Niemand verdächtigt Grockis. Prapuolenienė zeigt Štarienė verärgert die leere Konservenbüchse. Sie guckt missmutig zu Juozas hinüber und flüstert mit der »Honigsüßen«. Juozas kann sich nicht bewegen – ihm ist es vollkommen egal, dass er verdächtigt wird, dass Žukienė schreit und weint. Er schweigt. Auch Krikštanienė findet ihre Konservendose leer im Regal. Sie weint und ihr Mann, »der Imperator«, weist die Schuld von sich und schiebt sie auf andere. Milė Noreikienė behauptet steif und fest, sie habe gehört, wie Krikštanis nachts an ihrer Seite geschmatzt hätte. Am Morgen kann sie ihren Nachttopf nicht mehr finden. Im Altai-Gebiet hatte sie darin Milch aufbewahrt, hier hat sie ihn mit ihrem Sohn Dalius als Nachttopf benutzt. Krikštanis, vom Durchfall gepeinigt, hatte nachts seine Töpfe bereits vollgemacht und dann Milės Nachttopf benutzt. Beim Hinsetzen hat er ihn aber kaputtgemacht – Milė fand morgens nur noch Bruchstücke.

Der Mann von Milė Noreikienė war ein Angestellter des litauischen Konsulats in Warschau, sie selbst ist eine elegante, schöne Frau. Sie hat viele Fotografien von früher. Jetzt flirtet sie mit Direktor Mawrin. Durch diesen Flirt konnte sie Nausėdienė die Arbeit als Verantwortliche für Lebensmittelmarken im Büro verschaffen. Noreikienė und Nausėdienė halten zusammen, genauso wie die »Honigsüße« und Prapuolenienė. Mawrin ist schon sechzig. Milė Noreikienė sagte mir einmal, dass sie Mawrin heiraten wird, weil ihr gefällt, dass sein Nachname mit »M« beginnt; es wäre schon lange ein Traum von ihr, einen Mann zu haben, dessen Nachname mit dem Buchstaben »M« anfängt. Bevor sie sich mit ihm trifft, entlaust sie sich sorgfältig und wäscht sich mit dem Schnee, der unter der Pritsche liegt. Dann kommt sie zu mir, hält einen brennenden Holzspan hoch und fragt, ob ihre Augen leuchten. »Alles an dir leuchtet«, sage ich zu ihr. Sie lächelt entzückend.

»Daliukas«, sagt sie zu ihrem Sohn »falls wir Papa wiedersehen, erzähle ihm nie von meinen Rendezvous. Heute bringe ich dir Brot, vielleicht sogar Kakao.«

Dalius versteht nicht, was ein »Rendezvous« ist, aber das Wort »Brot« macht einen so starken Eindruck auf ihn, dass er unter den Lumpen mit tiefer Stimme ruft: »Mach! Schnell!« Noreikienė kriecht auf dem Bauch durch die zugeschneite Türöffnung und durch den langen Schneekorridor, um rauszukommen. Dieser Korridor ist entstanden, weil die fortwährenden Schneestürme unsere Steinbaracke vom Sockel bis zum Dach mit Schnee bedeckt haben. Dalius verlässt seine Lumpen nie. Er ist immer durchgefroren, immer ausgehungert. Einmal hat Juozas ihm gesagt, er soll sein Brotstück abends unter sein Kissen legen und ihm versprochen, dass sich das Brotstück nachts in einen ganzen Laib verwandelt. Mit großer Willenskraft hat das ausgehungerte Kind ein Stück seiner Tagesration aufbewahrt

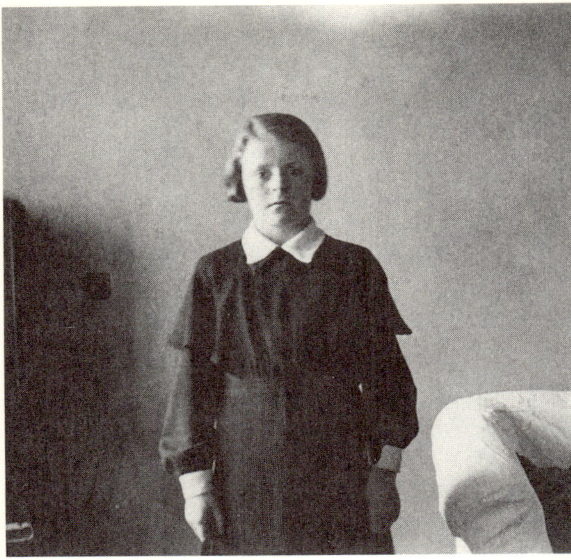

Dalia in Schuluniform.
Kaunas, um das Jahr 1938

und unter sein Kissen gelegt. In der Nacht fand seine Mutter zufällig das Brot und aß es auf.

Der Junge hat hysterisch geweint und fühlte sich von Juozas betrogen. Juozas, man darf mit einem hungrigen Kind keine Scherze treiben ... er leidet wie du. Seine Mutter umsorgt ihn immer, teilt alles mit ihm. Wenn sie von ihren Rendezvous zurückkommt, bringt sie immer etwas mit. Als der Flirt mit Mawrin dann doch endet, beginnt sie einen mit dem Schuldirektor Guljajew, dann mit dem Leiter der Radiostation, später mit Grigorjew, Sventickis und anderen. Aber sie ist dennoch kein Flittchen – sie flirtet einfach gern. Ich weiß nicht, ob sie jeden an sich ranließ, ich kann mir nur vorstellen, dass die Männer das von ihr verlangten.

»Es ist nicht einfach zu flirten, Dalia, du lächelst und versuchst jemandem den Kopf zu verdrehen, bist aber ohne Rock, in einer zerrissenen Wattehose, von der dir die Wattestücke am Hintern kleben. Du versuchst die Löcher mit einem Tuch zu verdecken, während die Läuse, die in der guten warmen Stube aufgewacht sind, dir den Rücken entlangkrabbeln. Am liebsten würdest du dich kratzen, dich an eine Wand lehnen und sie zerdrücken, aber du musst lächeln. Obwohl dein Magen knurrt ... glaub mir, es ist schwer, Dalia, hinter dem Polarkreis zu flirten.«

Alle mögen Milė Noreikienė – sie ist fröhlich, lustig und warmherzig. Sie liebt Nausėdienė und nennt sie »Aldutė«*. In den düsteren, schrecklichen Polarnächten, wenn draußen der Schneesturm tobt und wütet, liegen sie unter den Lumpen dicht aneinandergeschmiegt und erzählen sich über ihr Leben in Litauen. Studentenzeit, Bälle, die ersten Liebesbriefe, Ausland. Sie sind gleich alt. Beide sind dreißig. Die Augen von Milė leuchten im Dunkeln, ich höre die Frauen flüstern. Sie erzählen

---

* *Koseform des Vornamens »Aldona«. (A. d. H.)*

sich alles. Auch die intimsten Dinge. Sie sprechen wie verzaubert, die Augen sind in das dunkle Innere der Baracke gerichtet, aber sie sehen nichts. Sie sehen das Elend nicht, vergessen es und leben in der Vergangenheit auf. Ich höre alles und es ist mir ein bisschen unangenehm, dass ich jetzt die intimsten Details kenne.

Jeder versinkt in seinen eigenen Erinnerungen. Ich kann an alles denken: an mein Zuhause, das Gymnasium, an Papa, Freundinnen, Lehrer, Palanga, die Ostsee. Bilder meiner glücklichen Kindheit laufen in meinem Gedächtnis ab wie ein Film. Nur an das Theater nicht. Ich muss nur an den roten Samtvorhang denken, an das Orchester, die ersten Akkorde von *La Traviata*, und sofort schnürt sich mir die Kehle zu und ich bekomme kaum noch Luft. Als würde ich gleich bewusstlos. Ich vergrabe meinen Kopf in den Lumpen, aus meinen Augen fließen salzige Tränen. »Das hat es nie gegeben, das hat es nie gegeben«, wiederhole ich immer wieder und weiß selbst nicht mehr, ob meine Vergangenheit so war, ob das alles hier nur ein Traum oder eine Halluzination ist – Folge meiner kranken, konfusen Phantasie.

Aber der bohrende Hunger ist zu stark, um nicht wahr zu sein, dieses Gefängnis in der eisigen Tundra zu schrecklich, um nicht real zu sein und die brennenden Wunden vom Wagenziehen auf den Schultern zu tief, um all das als Einbildung abtun zu können.

Ich habe Angst vor meinen Erinnerungen. Sie zerreißen mich. Aber für eines sind sie gut – sie wecken in mir den unbändigen Wunsch zu leben, zu kämpfen und alles zu überstehen, so schlimm es auch kommen mag. Ich will leben, leben, leben, verdammt, ich will zurück ins Leben.

In der Baracke nebenan wohnt das Mädchen, mit dem ich mich in Zajarsk am Lagerfeuer unterhalten habe. Sie heißt Liuda und stammt aus Šiauliai. Ihr Bruder, ein Offizier, ist gerade gestorben, auch ihre Mutter. Diese hatte Liuda sehr geliebt und mich gebeten, ein Auge auf sie zu haben.

Alle Freundinnen von Liuda sind erwachsene Frauen. Černeckaitė wurde aus Šiauliai zusammen mit ihrem Geliebten deportiert. Jetzt wohnt sie gut versorgt mit dem Russen Justow in Konstantinowka. Sie leidet nicht unter der Kälte, hat keinen Hunger und muss nicht arbeiten. Ähnlich verhält es sich bei Paulauskienė – sie lebt mit Ufimtzew zusammen, einem Bootsführer. Die Lehrerin Saulevičienė ist zusammen mit dem Kosaken Tumin gekommen, einem zwei Meter großen Mann. Alle Litauer verurteilen diese Frauen und nennen sie Flittchen. Bei uns in der Baracke empört sich »die Honigsüße« am meisten darüber, obwohl sie selbst mit dem Traktorführer Balamutas rummacht. Ich sehe nichts Verwerfliches daran, diese Frauen versuchen einfach zu überleben. Die Begierde ist vom Hunger stark gedämpft. Und was schon, wenn nicht! Ist das denn so schlimm? Das Leben ist kurz und es ist völlig natürlich, das liegt in unserer Natur.

Baltrukonienė ist Heiligabend im Schneesturm umgekommen. Sie arbeitete in der Bäckerei als Putzfrau und war wahrscheinlich die einzige von uns, die satt war. Sie war auf dem Weg zur Arbeit. Von ihrer Holzbaracke bis zur Bäckerei sind es nicht mehr als fünf Meter, aber der tosende Sturm hat sie wahrscheinlich seitlich an der Bäckerei vorbeigetrieben – durch den starken Schneefall war nichts zu sehen. Sie kam nie zurück. Ihr Körper wurde nie gefunden. Wahrscheinlich hat sie die Orientierung verloren und sich in der weiten Tundra verirrt. Zagurskis wollte ihren vierjährigen Sohn Jaunutis zu sich nehmen, aber Stalauskienė hat es nicht erlaubt – sie hat das Kind selbst aufgenommen.

Eines Tages wurde ein Mechaniker auf einem Hundeschlitten gebracht. Er war 30 km hinter Trofimowsk gefunden worden – auf dem Eis liegend und gefesselt. Es stellte sich heraus, dass seine Frau mit irgendeinem Häftling auf einen Schlitten gesprungen war und abhauen wollte. Der Mechaniker sprang auf einen anderen Schlitten und verfolgte sie. Die zwei Hundeschlitten lieferten sich ein Wettrennen. Die Flüchtlinge hatten dann schließlich angehalten und gewartet bis der Mechaniker näherkam, dann hatten sie ihn übermannt, gefesselt und aufs Eis gelegt. Anfangs war der Mann noch vorwärtsgerobbt, später überkam ihn der Schlaf und er begann zu erfrieren.

Ein Bein muss jetzt bis zur Leiste amputiert werden. Griko, unsere Ärztin, will sich bei uns Jod borgen. Milė Nausėdienė hat noch ein Fläschchen aus Litauen. Dann leiht sich die Ärztin von Ulevičius eine schmale Zimmermannssäge und operiert. Keine Narkose. Nichts. Der Mechaniker ist einige Male bewusstlos geworden, als Griko an seinem Bein sägte. Wie an einen Baumstamm. Sie hatte keine anderen Instrumente. Der Mann ist gestorben noch bevor sie die Amputation beenden konnte.

Es ist schwer, Griko in die Baracken zu locken; sie hat Angst vor Typhus und behandelt Typhuskranke nur aus sicherer Entfernung. Als Mutter krank war, ging Juozas zu ihr und sagte, er würde sie erwürgen, wenn sie nicht mitkäme. Das hat funktioniert. Bleich vor Schreck kam Griko in die Baracke und blieb stehen. Sie war sichtlich schockiert vom Gestank bei uns, hat sich ein Taschentuch vor die Nase gehalten und irgendwas Zusammenhangloses gestammelt. Baracke Nr. 13 muss einen tollen Eindruck auf Dr. Griko gemacht haben. Ein wütender Blick meines Bruders zwang sie zu unserer Pritsche. Sie hat Mutter im Licht von zwei brennenden Holzspänen und einer Kerze, die ich im Kontor geklaut hatte, untersucht. »Nierenentzündung« war die Diagnose. Dumme Frau. Nierenentzündung! Wegen des Hungers ist meine Mutter am ganzen Körper angeschwollen. Griko sollte selbst mal eine solche »Nierenentzündung« bekommen, dann wüsste sie, was das ist.

Andere Sterbende und Kranke hatten auch begonnen, nach ihr zu rufen, aber Dr. Griko ist erschrocken zum Ausgang gehastet. Sie hat sich sogar geweigert, zu Atkočaitienė zu gehen, die fast direkt neben meiner Mutter lag. Eine kluge Entscheidung: Atkočaitienė hat den Weg ins Jenseits auch ohne die Hilfe von Dr. Griko gefunden. Krikštanis und Oldas Totoraitis saßen am Ofen und schauten Griko zu. Sie haben ihr laut ins Gesicht gelacht und sie beschimpft.

Franja Gluschina ist ihre Assistentin – ein junges Mädchen aus Weißrussland, vielleicht neunzehn Jahre alt. Sie ist groß, schlank, dunkeläugig, mit schwarzem, lockigem Haar – ein Mädchen von seltener Schönheit. Aber auch ein sehr ernstes Mädchen. Sie hat vor nichts Angst. Sie wendet sich nicht von den leidenden Menschen ab, die an Hunger und Krankheit sterben. Sie ist überall zur Stelle und selten zu Hause, wo sie in einer warmen Stube mit Griko Karten spielen könnte. Es vergeht kein Tag, an dem sie nicht vorbeikommt. Sie kennt jeden und jeder kennt sie. Sie ist ein Lichtstrahl in unserer Totenkammer. Griko fordert die Schwerkranken auf, zu ihr in die Krankenbaracke zu kommen, wo sie an ihrem Tisch sitzt und die Patienten aus drei Meter Entfernung untersucht. Es kommt vor, dass die Kranken auf dem Weg zur Krankenbaracke sterben. Das macht die Arbeit für die Leichenbrigade einfacher: Sie müssen dann die Toten nicht mehr von der Pritsche hieven, eine Schnur um die Füße binden und durch die zugeschneite Tür aus der Baracke ziehen.

Franja kommt immer selbst herein und erlaubt den Kranken nicht aufzustehen, auch wenn sie das tun wollen. Sie ist gütig. Sie ist eine Komsomolzin und hat wirklich Mitleid mit uns. Ich spüre, dass sie ihr Leben dafür geben würde, uns zu helfen, diesen für sie im Grunde fremden Menschen – Litauern und Finnen. Einmal habe ich sie angelogen und behauptet, dass ich an einer Ruhr mit Blutungen leide. Ich wollte wenigstens zwei Tage nicht arbeiten müssen. Franja hat mich mit ihren wunderschönen, schwarzen Augen angeblickt, die jeden Mann vor Bewunderung in die Knie zwingen können und ich habe in diesen Augen tiefes Mitgefühl gesehen.

»Ty, Dalia, otschen stradaesch nawerno?«*

Zum ersten Mal schämte ich mich.

»Ich habe gelogen, ich habe keine Dysenterie mit Blutung.«

Sie verstand alles und blickte zu Boden. Wortlos schrieb Franja Gluschina mich drei Tage krank.

Sie alle – Mawrin, Zagurski, Sventickis, Griko, Trawkin haben ihre Koffer mit guten litauischen Luxussachen vollgestopft. Für einen Appel und ein Ei. Griko hat meiner Mutter einen Mantel mit Fuchskragen abgekauft. Jetzt hat sie zwei Mäntel, schöne Kleider, etwa 45 Paar ausländische Schuhe, unzählige Seidenpyjamas und andere kostbare Kleidung. Das leitende Personal darf uns Sachen abkaufen. Und Sventickis wiederum setzt fest, was unsere Sklavenarbeit wert ist. Nämlich 1 bis 3 Rubel pro Tag. Für 3 Rubel zerren wir den ganzen Tag Baumstämme hin und her. 20 km Fahrt über die Schneeberge mit einem vollbeladenen Schlitten kostet 2 Rubel. Für den Golgathaberg und die Wunden auf der Schulter 2 Rubel. Zwei Rubel! Was für eine Ausbeutung ... Demütigung ... ein stilles, langsames und absichtliches Morden. Wir verkaufen uns gegenseitig Lebensmittelmarken, wenn wir nichts mehr zu verkaufen haben, um damit Brot zu bekommen. Trawkin könnte zusätzlich Lebensmittel aus Jakutsk ordern, aber er tut es nicht. Während wir vor Hunger sterben, verfault in Konstantinowka der Fisch. Mawrin, der Direktor der Fischfabrik, würde im Frühling eher den verrotteten Fisch

* *Du leidest wahrscheinlich schrecklich, Dalia?*

wegwerfen als dass er ihn uns gibt. In den Kellern von Sasylach und Bobrowsk vergammeln 500 Tonnen Fisch und wir sind vom Hungertod bedroht. So wertschätzt die Sowjetunion ihre zweibeinigen Arbeitstiere, die aus unerfindlichen Gründen »Menschen« genannt werden.

Wie gerne würden sie unseren Besitz beschlagnahmen. Unsere restlichen Sachen, die wir im Altai-Gebieten nicht in Kartoffeln umgetauscht haben. Unser leitendes Personal badet in Luxus, während draußen unaufhörlich die Leichenstapel wachsen – wie ein Denkmal.

Und in diese Galerie der Ermordeten kommst du, Franja, eine edle Gestalt. Wäre ich Bildhauer, würde ich eine große Skulptur schaffen. Eine nach vorn gebeugte Frau, die gegen den Schneesturm kämpft und in ihrer Pelzjacke Medikamente trägt. Zu unseren Todeskatakomben. Später, als ich die Geschichte von Danko* und seinem Herzen las, habe ich dich vor Augen gehabt, Franja.

Wieder stehe ich in der Schlange für Brot an. Direktor Mawrin, sein Dienstmädchen und seine Ehefrau müssen nicht in der Schlange stehen – sie bekommen ihre Kondensmilch, Eierpulver, eingelegtes Obst und Apfelsinen gegen den Skorbut einfach so. Die Verkäuferin Zagurskienė wiegt die Lebensmittel ab und beklagt sich bei Mawrins Frau darüber, dass sie den Appetit verloren habe. Sie hätte das eintönige Essen hier satt. Frau Mawrin

---

** Danko ist eine mythische Figur in einer slavischen Legende. Wie Moses führt er sein Stamm aus den Steppen Asiens in das Gelobte Land. Danko reißt sein Herz heraus und nutzt es als Licht, um den anderen den Weg zu weisen. (A. d. H.)*

rät ihr, sie solle es doch einmal mit einem Reisauflauf mit Rosinen und getrockneten Aprikosen versuchen. Wir stehen mit unseren vereisten Gesichtern da und starren sie an wie Schafe. Sie hat also keinen Appetit, die Arme. Es will mir nur schwer in den Kopf, dass unser leitendes Personal auf Trofimowsk – jeder von ihnen – eine warme 2-Zimmer-Wohnung in einem Blockhaus hat. *Wir* haben diese Häuser gebaut. Sie haben genügend Kerzen, um ihre Wohnungen zu erleuchten, sie können essen was sie wollen. Ich dachte, in Kriegszeiten müsste jeder Entbehrungen auf sich nehmen, aber sie entbehren nichts. Nach dem Krieg werden sie erzählen: *Wir* haben die Kriegslast auf uns genommen, *wir* haben hinter der Frontlinie weit im Norden ums Überleben gekämpft, *wir* haben zum Wohle des Vaterlandes die Massen für den Kampf motiviert. Sie werden Auszeichnungen bekommen und die mit litauischen und finnischen Leichen gefüllte Grube wird ein Zeugnis ihrer Mühen sein.

Oldas steht am Ladentisch. Er holt die Brotration für die gesamte Familie Totoraitis. Er gibt Zagurskis die Brotmarken, der trennt sie ab und sagt seiner Frau, sie solle mal schnell zwei Rationen abwiegen. Oldas nimmt die Brotmarken wieder vom Ladentisch; Zagurskis glaubt, er habe sie in eine Kiste gelegt. Die Familie Totoraitis wird heute Abend eine doppelte Brotration haben. Oldas lächelt mich an. Er ist ein anständiger Mensch, gut zu seiner Familie, seiner Mutter. Jetzt bin ich an der Reihe, meine Lebensmittelmarken werden abgetrennt. Gerade wiegt Zagurskienė für Markevičienė Brot ab. Markevičienė nimmt ihr Brot und dazu noch ein kleines, 50 g schweres Stück, das lose auf dem Tresen liegt. Zagurskis Augen weiten sich, sein Blut beginnt zu kochen, er greift nach einer Konservendose und schlägt Markevičienė damit ins Gesicht. Blut strömt ihr über die Stirn und Augen, ihr Gesicht verfärbt sich. Markevičienė verlässt den Laden.

»Die Litauer sind wie Vieh und so muss man sie auch behandeln«, sagt Zagurskis.

Er hat Recht, wir sind Vieh. Ausgehungerte, sterbende Tiere. Als wir auf Trofimowsk angekommen waren, hatte Genė Markevičienė, mit der wir auf der Fahrt im selben Waggon zusammengepfercht worden waren und die an Tuberkulose erkrankte, ihren kleinen Sohn verloren, ihren Mann und ihre drei Töchter. Gestern hat sie ihr letztes Kind beerdigt. Und heute tut ihr Zagurskis das an. Er führt sich in diesem Laden auf wie ein König. Für die Menschenmenge draußen ist er ein Gott. Wir streiten uns oft darüber ob Zagurskis wohl immer satt ist. Wir wissen, er ist der Lebensmittelkönig, aber unser Verstand kann es nicht mehr begreifen: Wie kann man überhaupt satt sein? Wie kann man satt sein und nicht mehr essen wollen? Unser ausgehungerter Geist kann das nicht verstehen. Ich frage mich, ob Zagurskis es vor zwei Jahren gewagt hätte, die Hand gegen diese Frau zu erheben ... Ich frage mich, ob es jetzt zu einem Prozess kommt. Dieser Mensch gehört ins Gefängnis. Gott soll mein Zeuge sein, er verhöhnt uns, er verachtet uns. Wir sind in seinen Augen Sklaven, Arbeitstiere. Bei jeder Gelegenheit lässt er uns spüren, dass wir unzivilisiert und verkommen sind.

»Ich hätte nie gedacht, dass die Litauer gern mit Läusen und in Exkrementen leben. Ist das bei euch in Litauen so üblich?«, erkundigt sich Zagurskis.

Ich wende mich ab und halte mich an einem Brett fest: Meine Knie zittern. Lach uns nur aus, du Zwerg. Es ist leicht jemanden zu treten, der schon am Boden liegt.

Familie Totoraitis genießt heute ihre doppelte Brotration. Die Tochter Birutė hat die Ruhr. Totoraitienė kann nicht von ihrer Pritsche aufstehen – wie jeder hier leidet sie an Skorbut. Ihr Sohn Auksas hat keine passende Kleidung mehr. Er ist ein lebhafter Junge, zehn Jahre alt. Der älteste Sohn Vytautas lebt getrennt von der Familie in einer anderen Baracke. Seine Mutter liebt ihn über alles.

Birutė, eine kluge und sprachgewandte zwanzigjährige Frau, war Studentin an der Humanistischen Fakultät. Ein NKWD Offizier, ein Tatar, hatte sich bei ihnen einquartiert und verliebte sich in sie. Als er erfuhr, dass Birutė aus Vilnius deportiert worden war und in einem Viehwaggon sitzt, versuchte er sie zu finden. Aber es war zu spät. Der Offizier hat sich in der leeren Wohnung der Familie Totoraitis am 14. Juni erschossen und eine Nachricht hinterlassen: »Ich sterbe, mir geschieht Unrecht«.

Jetzt steht Birutė alle 15 Minuten halbnackt von ihrer Pritsche auf und setzt sich auf den Topf. Ihr Haar, das früher wie Gold glänzte, ist grau und struppig. Ihre Brust ist nackt und schrumpelig. Ihre Augen sehen furchtbar aus – wie leere Löcher in einem gesichtslosen Schädel. Sie kann kaum noch vom Topf aufstehen.

Krikštanis beobachtet die Prozedur und sagt: »Wenn der Tatar sie nun sehen würde, würde er sich nicht erschießen, sondern in erster Linie versuchen, ihren Durchfall zu stoppen – was theoretisch betrachtet unmöglich ist. Sie ist jung, wird aber bald sterben.«

Ich ertrage es nicht. Dieses Gerede. Er krächzt unentwegt irgendwas über den Tod der anderen und merkt gar nicht, dass er selbst kein bisschen besser dasteht. Ich habe ihn einmal mit offener Hose auf dem Boden gefunden, er war zusammengebrochen und ich hatte größte Mühe, ihm wieder auf die Beine zu helfen.

Wir haben Papas Jacke für 3 kg Mehl eingetauscht. Jeden Tag kochen wir eine Suppe, das heißt, wir vermischen zwei

Suppenlöffel Mehl mit Wasser und essen das. Juozas wundert sich, warum wir so etwas früher nicht gekocht haben. Wenn er das hier überlebt, sagt er, wird er diese Suppe zu Hause öfter zubereiten. Jeden Abend gibt es endlose Gespräche über Essen. Jeder erzählt, was er früher gerne gegessen und wie er das zubereitet hat. Das Thema ist unerschöpflich. Für manche mag es erleichternd sein, ich aber fühle mich danach noch schwächer, weil ich all die Gerichte, Essenssachen, Konserven vor mir sehe und noch mehr Hunger bekomme. Das macht mich fertig.

Aber ich kann diesen Gesprächen über das Essen nicht entkommen, sie bohren sich gegen meinen Willen in mein Bewusstsein. Ich erinnere, wie ich einmal vor Jahren ein mit Brotkanten gefülltes Säckchen irgendwo unten in der Perkūno Allee in Kaunas ausgekippt habe. Diese Brotkanten sehe ich jetzt in meinen Träumen. Ich sehe sie sogar, wenn ich wach bin. Sie rächen sich. Ich erinnere mich an die Ermahnungen meiner Eltern, dass mein Bruder und ich alles essen sollen, was auf den Tisch kommt. Einmal habe ich mit Juozas in einer Milchbar Crêpes mit Marmelade gegessen. Wir schafften es nicht, alles aufzuessen und warteten, bis die Bedienung sich entfernt hatte. Dann sprangen wir auf und rannten so schnell wir konnten aus dem Café, wir dachten, wir werden verfolgt, weil wir nicht ordentlich aufgegessen hatten ... Unser Vater glaubte Alexei Suworins Theorien über die heilende Wirkung des Fastens und hat das zum Teil selbst praktiziert. Wenn Kazlauskas so etwas hört, verdreht er die Augen und spottet über derartigen Unsinn – nichts zu essen, wenn es doch alles gibt.

Zwanzig finnische Männer, die sich noch auf den Beinen halten konnten, schafften es, die Küste des Eismeers zu erreichen und fischten dort. Damit verdienten sie sich Lebensmittel und päppelten sich auf. Dann tat sich eine neue Gruppe von Männern zusammen und machte sich auf den Weg. Ein Jakute auf seinem Hundeschlitten hat die Männer 30 km hinter der Insel Trofimowsk entdeckt. Alle erfroren. Die Körper lagen in der Nähe einer Jurte, die Jakuten für sich und andere Reisende als Unterschlupf errichtet hatten. Während eines heftigen Schneesturms hatten sich die entkräfteten Männer in den Schnee gelegt und waren eingeschlafen. Für immer. Im Schneegestöber konnten sie die Jurte, die nur wenige Meter vor ihnen stand, nicht erkennen. Unter ihnen waren auch Litauer, aber ich kann mich nicht mehr an ihre Namen erinnern. Sie wären wahrscheinlich an Hunger gestorben, daher war es für sie vielleicht besser, dass sie einfach eingeschlafen sind ... Wir müssen auf den Frühling warten, um sie zu beerdigen.

Still, wie in einem schweren Traum, vergeht die Nacht im grausigen Grab Trofimowsk. Immer weniger Menschen kommen aus den Baracken, immer öfter erscheint die Brigade von Abromaitis mit einem vollen Leichenwagen. Entsetzliches Schweigen herrscht hier. Tod und Krankheit wüten in den eisigen Katakomben. Nur Krikštanis und ich verlassen noch die Baracke. Alle Gespräche sind verstummt, sogar die über das Essen. Das Ende naht. Bald landen wir alle auf dem Leichenberg, der hinter unseren Baracken aufragt. Eiffelturm der toten Körper.

Die Stille der ewigen Nacht ist vorbei. Wie eine Bombenexplosion schlägt das Geheul eines neuen Schneesturms ein. Die Baracken klappern wie Streichhölzer in der Schachtel. Es ist normal, dass es noch einmal richtig stürmt, bevor sich die Sonne endlich wieder zeigt. Dies ist der letzte, längste und heftigste Schneesturm. Alles versinkt im Chaos, die Grenzen lösen sich auf – von Himmel und Erde, von Tag und Nacht, Traum und Realität. Alles wird zu einem einzigen, schrecklichen Alptraum. Und Trofimowsk – zu einem winzigen Punkt in der Tundra der Arktis.

Wie viel Zeit ist vergangen, seit der Sturm begonnen hat? Wann hört er auf? Seit Ewigkeiten hatten wir keinen Kontakt mehr zur Außenwelt. Bald beginnt der zwölfte Tag, an dem wir hier lebend begraben sind. Auch wenn sich der Sturm legt, kommen wir nur schwer heraus – unser darmartiger, langer Tunnel ist völlig vom neuen Schnee verstopft. Die Außentür ist ausgerissen, sie liegt auf einer Pritsche. Die Tür war sowieso nie richtig zu, weil sie immer vereist war. Totoraitis benutzt sie jetzt als Bett. In der Baracke ist ein Schneeberg entstanden. Das ist gut, er verhindert einen starken Windzug. Unsere Baracke ist tief im Schnee versunken. Das flache Dach ist auf gleicher Höhe wie der Schnee draußen. Die Bretter, die das Dach bilden, haben sich gelöst und knattern, wenn der Wind bläst. Durch die Spalten rieselt feiner Schneestaub auf unsere Köpfe.

Wir haben den Fußboden ausgerissen und die Balken oben an der Decke befestigt, auch die Bänke haben wir zerhackt. Und die Bretter, die die Pritschen voneinander trennten. Es gibt keinen Grund mehr aufzustehen, dazu fehlt uns auch die Kraft. Fünf Tage haben wir jetzt schon nichts mehr gegessen, seit zuletzt irgendeiner durch den Schornstein unserer Baracke drei Laibe Schwarzbrot geworfen hat. An dem Tag war das unaufhörliche Donnern und Beben draußen etwas weniger stark. Wir warteten, wer dieses kostbare Brot unter uns verteilen würde. Krikštanienė stand von ihrem Schneebett auf. Auch ich zog meine Wattejacke an. Schwerkranke und Sterbende brauchen eigentlich kein Brot mehr, trotzdem bekamen sie ihren Anteil. Krikštanienė und ich – wir wollten die Sterbenden nicht bestehlen. Sie ist eine aufrichtige Frau, immer freiheraus, unglaublich zäh. Der Teufel selbst könnte sich keine Bedingungen ausdenken, die sie umbringen könnten. Krikštanienė wird das alles überstehen, ich

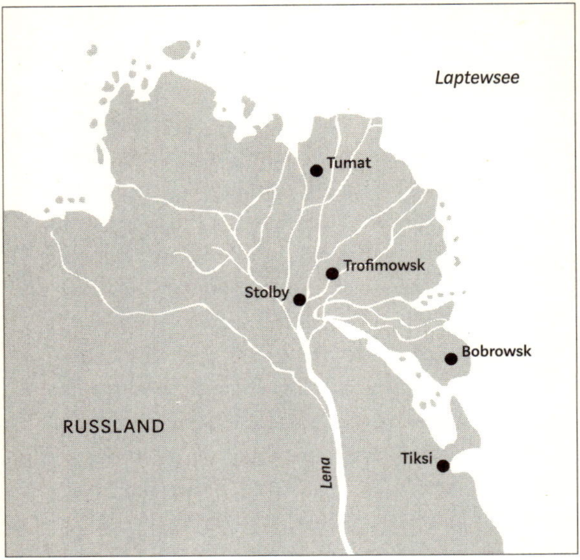

Skizze der Lenamündung
an der Laptewsee

sehe, dass sie überleben will. Sie entwickelt enorme Kraft. An jenem Tag wurde der Hungertod für einige Tage aufgeschoben. Suworin lag falsch mit seiner Fastentheorie – nur fünf weitere Tage haben die Geschwächten ausgehalten, nicht länger. Am fünften Tag brannten zum letzten Mal die Fußbodenreste, zum letzten Mal schmolz in einer Konservenbüchse der mit Exkrementen befleckte Schnee. Wir haben die Fäkalien, die obenauf schwammen, einfach abgegossen. An dem Tag haben die Kranken zum letzten Mal etwas zu trinken bekommen. Durst quält uns. Jeder streckt die Hand nach dem Schnee auf seinen Lumpen aus und lutscht daran. Wir schmiegen uns dicht aneinander. In unserer Baracke ist es finster. Wir haben uns mit unseren Lumpen zugedeckt, mit allem was wir haben. Obenauf liegt noch eine Schicht Schnee. Sie wärmt uns. Schnee auf den Kissen, auf dem Haar. Überall. Ich stecke meinen Kopf in die Lumpen und atme – es wird warm, der Schnee schmilzt auf meinen Haaren, dann friert er zu Eis. Voilà! – jetzt habe ich eine Wintermütze! Stille. Finsternis ... nur der Schnee schimmert weiß.

In unserer Eishöhle bin ich mit Wesen zusammen, die früher einmal Menschen waren. Die früher einmal gelacht haben, geflirtet, die andere besuchten, selber Gäste empfingen, sich Gedanken machten, wo am besten der Sommerurlaub zu verbringen sei nach dem langen, kräftezehrenden Winter in der Stadt, die sich darüber ärgerten, wenn die maßgeschneiderten Kleidungsstücke nicht passten und dass die Zweizimmerwohnung zu eng ist. Jetzt schweigen sie. Sie existieren nicht mehr. So, wie sie einmal waren, sind sie schon lange nicht mehr. Sie wurden am 14. Juni vernichtet und liegen jetzt als halbtote Gestalten in Baracke Nr. 13. Hier gibt es nur drei Kategorien: Leichen, Sterbende und Kranke, die mit etwas Glück vielleicht noch zu retten sind. Wir, die überleben werden, können später den folgenden

Generationen, die eine solche Hölle nie erlebt haben, davon berichten; das aber wird ein ganz anderer Typ Mensch sein.

Die Barackenwände erzittern wieder. Von der Decke fallen Bretter herunter. Die Spalten über uns, durch die der neue Schneesturm fegt, werden immer größer. Die eiserne Tonne, unser Ofen, wackelt unentwegt und scheppert mit ihrer hellen Blechstimme. Wir schweigen wie Verbrecher, atmen leise unter unseren Lumpen. Wir schweigen, weil uns für das Sprechen die Kraft fehlt. Worüber sollen wir noch sprechen? Außerdem können wir es nicht mehr – bei dem Geheul würde sowieso keiner etwas verstehen. Wir haben keine Hoffnung mehr. Alles ist sinnlos. Ich glaube, dies ist der letzte, böse Streich des Lebens. Der Tod ist grauenhaft. Auf mich wartet der Leichenberg in der Tundra des ewigen Eises. Hier verwest du nie, hier ist es immer kalt. Ich sehne mich nach Wärme. Ich will nur noch Wärme. Ich spüre keinen Hunger mehr. Die Bilder von Brot in meinem Kopf irritieren mich nicht länger. Nur Wärme will ich. Dieser Schneesturm wird wahrscheinlich ewig dauern, niemals aufhören. »Comedia finita est« ist mein letzter Gedanke, bevor alles verschwimmt und eins wird. Kein Unterschied mehr zwischen dem Diesseits und dem Jenseits. Nur ein einziges Geheul – ein Alptraum.

Plötzlich Stille. Ich strecke vorsichtig meinen Kopf vor. Stille. Ist das wahr? Ich höre das rhythmische Aufschlagen von Spaten, das Geräusch kommt allmählich näher. Ist das wahr?! Ich kann es kaum glauben ... Ich erwarte jede Sekunde ein erneutes Aufheulen des Sturms, eine Fortsetzung des Alptraums, der uns in den Wahnsinn treibt.

Jemand krabbelt durch ein Loch hinein.

»Gibt es hier Lebende?«

Schweigen.

»Leute, redet, antwortet mir!«

Ich hebe meinen Kopf und setzte mich mit letzter Kraft auf.

»Ja ... h-hier gibt es ... Le-leeebende ...«, stottere ich.

Meine Stimme stockt, ich zittere am ganzen Körper und fühle mich schwach. Mein Kopf kippt nach hinten, Tränen fließen aus meinen Augen.

Während des Sturms hat meine Familie all ihre Lebensmittelkarten verloren. Der Hungertod schaut uns in die Augen.

Eine Brigade der Astrachan Kosaken, die von Tumin geleitet wird, gräbt seit drei Tagen ununterbrochen eine Grube für den Leichenberg. Es ist schwere Arbeit. Die Spitzhacken stumpfen durch das Eis und den harten Grund schnell ab. Die Kosaken fluchen wie die Kesselflicker. Bei unserer Leitung hat sich eine Kommission angekündigt, die die hygienischen Bedingungen in der Siedlung überprüfen soll. Sie wird bald eintreffen. Unser leitendes Personal versucht jetzt, die Spuren ihres erfolgreichen Führungsstils zu beseitigen. Die Größe der Grube ist beachtlich – 20 × 15 m. Und 2 m tief. Die Kosaken beeilen sich. Wenn sie den Leichenstapel rechtzeitig in der Grube versenken, wird jeder 30 Rubel Tageslohn bekommen. Das ist nicht wenig. Und die Leichen verschwinden zu lassen, ist einfacher als Baumstämme zu schleppen. Die Leichen fliegen in die Grube. Arme, Beine und magere Körper schimmern. Die erfrorenen Arme stehen von den Körpern ab. Hungrige Polarfüchse haben Beine und Arme angenagt, manchen Gesichtern fehlt die Nase. Die Leichen sind weiß, steifgefroren, sie klackern wie trockene Holzstäbe aneinander. Es sieht aus, als stützten sie sich gegenseitig. Der Pianist A., der Verlobte von Lea Charasch, steht nackt da, an die nackten Beine einer anderen Person gelehnt. Frau Klingmans Bauch ist angenagt, man kann ihre gefrorenen Gedärme sehen. Sie war den Polarfüchsen wohl nicht schmackhaft genug. Ihre Arme sind ausgebreitet, ihre weit aufgerissenen Augen glänzen im Mondschein. Die Kosaken werfen die Leichen jetzt nicht mehr einzeln in die Grube, der Platz reicht nicht aus, denn sie sind gefroren und daher sperrig. Also werden sie zu Bündeln zusammengeschnürt. Die Taille einer nackten Leiche an die andere. Es hagelt zynische Bemerkungen. Zerstückeltes Eis und Brocken gefrorener Erde bedecken schließlich diese Menschen mit ihren so unterschiedlichen Leben, Berufen und Nationalitäten. Meine Gedanken schweifen ab. Diese wohl mehr als dreihundert Menschen lebten, ohne einander zu kennen; sie schmiedeten Zukunftspläne, haben gearbeitet, etwas geschaffen und aufgebaut. Dann hat sie das Schicksal aus allen Ecken zusammengerufen und in einem gemeinsamen Grab für immer miteinander vereint.

Die Leichenproduktion von 1942. Zügig und ordentlich gestapelt. Für die einwandfreie Erledigung dieser Aufgabe hat Tumin von Direktor Mawrin einen Dankesbrief erhalten.

Die Sonne hat sich wieder gezeigt. 5 Minuten lang. Aber jeden Tag wird sie größer am Horizont und bleibt länger. Fünf, acht, zehn, zwölf Minuten erleuchtet sie die grenzenlose Eisfläche der Lenamündung und das im Stillen verborgene Trofimowsk, dann verschwindet alles wieder im Dunkel. Aber nur wenige von uns armen Seelen können die Sonne sehen – nur die es nach draußen schaffen – in die bis zum Dach eingeschneite Baracke dringt kein Sonnenstrahl.

Wir kehren von der Arbeit zurück und setzen uns an den Ofen. Ich habe den Ehrenplatz bekommen, sitze direkt an der Ofenklappe; keiner kann es mir verbieten, immerhin brennen im Ofen die von mir geklauten Bretter. Das Feuer wärmt meinen Körper, mein durchgefrorenes, mit dunklen Flecken bedecktes Gesicht tut mir weh. Mir gegenüber sitzt ein Skelett – Adolis Ašmontas. Er umarmt das Rohr, das vom Ofen zum Dach führt. Seine Stiefmutter, seine drei Stiefbrüder und seine Stiefschwester sind gestorben, er blieb allein zurück. Seine Blase funktioniert nicht mehr, er nässt ständig ein und stinkt nach Urin. Wenn seine Kleidung warm ist, will er nur eines – aus der Baracke fliehen. Sein Vater arbeitete als Lokführer in Šiauliai. Adolis versteht nicht, warum seine Familie deportiert wurde. Es gibt viele, die nicht verstehen, warum sie hier sind. Er sitzt unbeweglich da wie eine Statue; nur manchmal nimmt er seine Hände kurz vom Rohr, um mit einer raschen Bewegung die Läuse von seiner Kleidung zu schütteln. Sie landen auf dem heißen Ofen und verbrennen zischend. Adolis kichert zufrieden. Er wirkt wie ein Schuljunge. Nausėdienė schweigt. Sie redet kaum. Ich habe ihr gegenüber einen ungeheuer großen Respekt. In der ganzen Zeit der Verbannung habe ich von ihr nicht ein Wort der Klage gehört. Sie scheint über der grausigen Wirklichkeit zu schweben. Wenn man ihre kleine, zerbrechliche Gestalt sieht, kann man nicht glauben, dass in ihr eine so ungeheure innere Kraft steckt. Sie ist prinzipientreu, fast schon krankhaft. Wer sie nicht näher kennt, könnte denken sie sei arrogant. Sie hatte es von Anfang an schwerer als andere – sie hatte fast keine Sachen; sie hat nichts mehr anzuziehen. Auch das Hungern ist ihr schwergefallen, aber keiner kann alles derart niemand klaglos und stumm ertragen wie sie. Ihr Gesicht ist sehr schön, es ist durchgeistigt. Man kann sehen, es ist das eines Menschen, der vieles erleiden musste, eines Menschen, der vieles in Würde erträgt. Sie hat sich niemals mit irgendjemandem gezankt. Aber sie war auch kein Moralapostel, sie maßregelte niemanden. Sogar als Krikštanis sie bei der Siedlungsleitung mit der Behauptung angeschwärzt hatte, sie hätte fünf Jahre für den litauischen Geheimdienst gearbeitet und das nur, weil er auf ihre Arbeitsstelle im Lebensmittelkartenbüro neidisch gewesen war, hat sie ihm keine Vorwürfe gemacht. In

Wahrheit hatte sie nur als Expertin für Englisch in der Druckabteilung der litauischen Staatssicherheit gearbeitet.

Ich möchte so sein wie sie. So wie sie kämpfen – leise und würdig, so handeln wie sie – nie kleinkariert, nie niederträchtig. Ich werde versuchen so zu sein. Ich möchte, dass sie mich respektiert. Ich werde das schaffen. Ich werde mich beobachten und an mir arbeiten.

Zwei Gestalten treten ein. Zwei Männer.

»Ich gratuliere den Bezwingern der Arktis!«, die fröhliche und laute Stimme des Mannes ist wie blanker Hohn.

Die Männer zünden eine Kerze an. Einen Augenblick lang erstarren sie, überwältigt vom Anblick unserer Baracke. Beide sind in Pelz gekleidet – von oben bis unten. Sie fragen nach Kranken.

»Wir sind *alle* krank.«

»Dann werden wir *alle* untersuchen«, antworten mir die Männer, »junger Mann, können Sie bitte die Kerze halten? Wir wollen zu jeder Pritsche gehen.« Ich trage Hosen und eine Wattejacke, sie halten mich für einen jungen Mann. Langsam gehen wir von Pritsche zu Pritsche. Die Männer fragen mich viel, wollen alles wissen. Die Kranken befragen sie nicht – nur ihre Beine wollen sie sehen, um festzustellen, in welchem Stadium der Skorbut ist. Auch die Gesichter der Kranken wollen sie im Licht untersuchen. Sie sehen schreckliche, eingefallene Augen, mit Wunden übersäte, blau gewordene, geschrumpfte Beine. Geschwollene Knie, deformierte Gliedmaßen, hervorstehende Rippen.

Einer der Männer ist Jude und sieht auch aus wie die Karikatur eines Juden: klein und buckelig. Er verlässt jetzt unsere Baracke.

»Verliert nicht die Hoffnung, alles wird besser.«

Den Kerzenrest überlässt er mir. Das ist meine Beute. Ich … ein junger Mann.

Das war der Besuch des jüdischen Arztes – Dr. Samodurow. Am nächsten Tag gräbt jemand durch den Schnee ein Loch zu uns – jetzt können wir die Baracke gebeugt verlassen. Auch der mit Exkrementen verdreckte Schnee wird weggebracht. Manche müssen vor Rührung weinen. Als wir von der Arbeit zurückkommen, Brennholz ausfahren, erfahren wir, dass Stepanovienė dagewesen ist. Sie hat eine Liste von allen Kranken erstellt und Fieber gemessen. Abends dann die große Überraschung – in unserer Baracke wird ein aus einer Konservendose gebasteltes Lämpchen aufgehängt. Jetzt können wir zumindest die Umrisse voneinander erkennen und stoßen nicht mehr im Dunkeln zusammen. Auch über die Fäkalientöpfe werden wir nicht mehr stolpern. Das Lämpchen flackert und qualmt, der Schnee an der Decke schmilzt. Alle schauen wie gebannt zu. Die Lampe in unserem früheren Esszimmer ist nichts im Vergleich zu diesem Lämpchen hier. Es ist ein verdammt gutes Gefühl, dass sich jemand um uns kümmert. Wir bekommen neuen Mut, wir beginnen zu glauben, dass es besser wird. Und wir haben uns nicht geirrt. Am Tag darauf werden alle Schwerkranken weggebracht: Die an Skorbut Leidenden kommen in eine Krankenbaracke; die Typhuskranken – in eine andere. Diese Baracken wurden vorher gesäubert und desinfiziert. Dennoch gibt es nicht genug Platz für alle Kranken.

Stepanovienė ist die Frau eines Arztes aus Alytus. Sie ist Jüdin. Eigentlich müsste sie Stefanija Jasinskienė in die Krankenbaracke einweisen, weil Jasinskienė blutigen Durchfall hat, aber Stepanovienė fordert dafür die Lebensmittelkarte von Jasinskienės Tochter. Jasinskienė lehnt das ab. Sie sagt, lieber stirbt sie, als dass sie die Karte ihrer Tochter Dalia weggibt. Stepanovienė hat dann die Lebensmittelkarte von Birutė Totoraitytė bekommen. Daraufhin wurde Birutė in die Krankenbaracke aufgenommen. Sie kommt wahrscheinlich nicht mehr zurück. Das sieht man. Die Ruhr ist bei ihr schon fortgeschritten. Ihr ganzes Gedärm ist infiziert. Vincė Daunorienė leidet an noch stärkerem Durchfall, auch sie hat ihre Lebensmittelkarte aus Prinzip nicht abgegeben und dämmert nun zurückgelassen neben Grockis und Jasinskienė vor sich hin.

Wir bekommen Besuch von der schönen Liuda aus Šiauliai – sie gibt jedem von uns 50 g Erbsensprossen. Sogar wir – die Gesunden, bekommen welche. Jeden Tag. Die Kranken bekommen von nun an Tabletten gegen Skorbut. Immer mehr Kranke werden in die Krankenbaracke verlegt. Nur Jasinskienė nicht. Stepanovienė ist wahrscheinlich sauer auf sie. Jasinskienės Zustand verbessert sich nicht. Ihr helfen weder die doppelte Erbsenration noch die Tabletten. Wir sagen ihr die ganze Zeit, sie solle aufstehen, ihre Beine bewegen, damit es besser wird. Sie will aber nicht. Sowie wir ihre Beine berühren, schreit sie fürchterlich. Es muss sehr schmerzhaft sein. Wir lassen sie und ihre Beine in Ruhe.

Jeder bekommt noch ein Kilo in Salz eingelegte wilde Zwiebeln. Und die Graupennorm wird erhöht. Die Situation verbessert sich; die Kranken kommen allmählich auf die Beine.

Birutė Totoraitytė kehrt doch aus der Krankenbaracke zurück. Auch Vincė Daunorienė ist wieder gesund. Dr. Samodurow verordnet Jasinskienė Tabletten, eine große Schachtel voll – ihre Beine beginnen zu heilen. Wir können sie schon berühren. Ohne dass sie aufschreit.

An einem Tag bittet uns Jasinskienė, sie von der Pritsche zu heben und auf den Boden zu stellen. Wir haben ihre Beine in Lumpen gehüllt, heben sie hoch und stellen sie hin. Sie steht mit gespreizten Beinen da. Wir haben Angst sie loszulassen – ihre

Beine sind wie aus Holz. Wir lassen sie los. Ein Wunder! Sie bleibt stehen! Kranke, Gesunde – alle schauen sie an und lächeln. Jasinskienė steht da und lächelt auch etwas verlegen. Ihre gespreizten Beine halten sie, aber sie zittern. Jasinskienė will einen Schritt machen – und fällt hin. Wir fangen sie auf und legen sie wieder auf die Pritsche zurück. Sie küsst ihre Tochter Dalia, drückt sie an sich und betastet immer wieder ihre Beine, als hätte sie diese neu geschenkt bekommen.

Noch ein Mensch ist auf dem Weg zurück ins Leben.

Sei gepriesen jüdischer Arzt Dr. Samodurow. Die Ehre ist dein. Du hast viele von uns dem Tod entrissen. Wenn es dich nicht gegeben hätte – kaum einer hätte diesen Winter überlebt.

Die Jakuten haben ihren Fisch gegen Lebensmittel getauscht, von nun an entsteht ein reger Handel zwischen ihnen und uns. Die meisten von uns leben nicht mehr ausschließlich von der uns zugeteilten Ration. Die Jakuten kommen und bieten uns Mehl, Graupen, Butter und Zucker an, dafür wollen sie Anzüge oder Uhren haben. Obwohl wir kaum noch Dinge besitzen, irgendwas finden wir immer noch zum Tauschen. Auf unserem Ofen stehen einige Töpfe. Die Zeit der großen Hungersnot ist vorbei, was bleibt, ist der Halbhunger.

Die Sonne scheint, aber sie wärmt nicht. Ein Flugzeug ist gelandet. Aus dem Flugzeug steigen Boris Charasch und irgendein hohes Tier. Ein Ärmel von Boris baumelt leer im Wind. Alle begrüßen sich. Boris streckt Mawrin seine Hand hin, dieser lächelt und sagt ihm etwas. Boris mit seinem göttlich schönen Gesicht erwidert das Lächeln. Widerlich ist das. Einen Moment lang denke ich, dass hier eine Komödie gespielt wird, dass Boris gleich mit seiner noch vorhandenen Hand Sventickis ins Gesicht schlägt, dass dieser taumeln und begreifen wird, was er Boris angetan hat. Aber nein! Die beiden Ankömmlinge unterhalten sich schon mit Sventickis. Mich widert das an. Ich drehe mich um, renne in die Tundra und bleibe immer wieder im Schnee stecken. Ich will zurück in die Siedlung. Aber vielleicht hat Boris Recht? Vielleicht hat Sventickis Recht? Nein, nein, hundert Mal nein! Ich irre mich nicht. Wir sind keine Tiere, wir sind Menschen, wir werden nur wie Tiere behandelt – getötet, zum Krüppel gemacht, gedemütigt, zum Hungern gezwungen. *Wir* sind im Recht. Und wir dürfen all das nicht vergessen, all diese Demütigungen, wir sind im Recht, wir ... Die Verbrecher sind *sie*. Boris finde ich auf einmal nicht mehr schön. Er ist nichts weiter als ein Speichellecker. Er hat keine Achtung vor sich selbst. Er ist eigentlich im Recht, buckelt aber vor diesem Scheusal Sventickis. Boris ist bemitleidenswert.

Ich bewundere Menschlichkeit und die Schönheit des Geistes – Menschen mit diesen Eigenschaften finde ich immer schön. Geistlose, rein äußerliche Schönheit bedeutet mir nichts. Mit diesem Verständnis von Schönheit bin ich schon auf die Welt gekommen. Boris Charasch finde ich nun nicht mehr schön, sondern sehe in ihm einen missratenen jungen Mann. Samodurow ist in den Augen vieler hässlich, weil sein Körper zu groß und schief ist. Aber ich finde ihn schön, weil er Menschlichkeit ausstrahlt.

Immer mehr von uns kommen wieder auf die Beine. Grockis ist wieder gesund. Er beliefert jetzt jeden Tag die Kantine mit Wasser; die Kantine wurde auf Anweisung Samodurows von Trawkin gebaut. Es wurden sogar Mittel dafür bewilligt. Jetzt steht Mutter jeden Tag mit einem Tontöpfchen in der Schlange und bringt uns Erbsensuppe am Mittag. Grockis spannt sich vor einen Wagen und schafft es alleine, ein Fass voller Wasser zu ziehen. Ich staune, dass er das kann. Wahrscheinlich füttert unser Koch William, ein Finne, ihn heimlich. Grockis behauptet allerdings, er bekäme keine Extraportion. Marija arbeitet auch in der Küche, sie sagt, am ersten Tag habe Grockis 15 Portionen Erbensuppe gegessen – danach habe er sich vor Bauchschmerzen auf dem Boden gewälzt. Sobald die Schmerzen nachließen, hat er wieder nach Essen gefragt. Mit einem zweiten Schlitten bringt Digrevičienė das Wasser. Sie ist eine große, starke Frau. Die Russen sagen, sie sei ein Hermaphrodit. Sehr männlich. Sie hat den Gang eines Seemanns – schaukelnd, die Hände in die Taschen gesteckt, auf dem Kopf trägt sie immer eine Mütze. Sie wirkt grobschlächtig. Auch Prapuolenienė kann mittlerweile wieder laufen. Heute haben sich Stefanija Jasinskienė und Juozas unserer Brigade angeschlossen. Krikštanienė will keine Männer in unserer Brigade haben, sie sagt, die wären schwächer als Kinder. Grigas, Mikas, Juozas schwanken bei jedem Windstoß, ihre Arbeitsleistung ist gering. Frauen sind widerstandsfähiger, sie ertragen den Hunger besser als die Männer. Krikštanienė hat Noreikienė nicht in ihre Brigade aufgenommen, daraufhin hat diese eine eigene gegründet. Mit vier weiteren Simulanten. Zu ihrer Brigade kommen alle, die schon tot, aber durch einen Zufall noch nicht gestorben sind. Alle, die kaum noch laufen können. Ihre Simulanten- und Totenbrigade zählt inzwischen schon 20 Personen. Milė Noreikienė selbst arbeitet nicht, auch ihre Brigade treibt sie nicht an – sie flirtet nur mit Grigorjew und Sventickis. Dennoch verdienen Noreikienė und ihre Brigade mehr als wir.

Wer am Leben geblieben ist, arbeitet jetzt bei den Baumstämmen. Das Brennholz müssen wir nicht mehr ausfahren. Zu unserem Betrieb gehören jetzt zwei Pferde, sie können mehr Holz einfahren als zehn Brigaden krepierender Zweibeiner. Wir schaufeln den Schnee von den Stapeln, die wir im Herbst aufgetürmt haben. Am Ufer, tief unter dem harten Schnee, liegen Hunderttausende Stämme. Wir müssen es schaffen, sie an das

Ufer hochzurollen, sonst wird die Lena sie bei der Eisschmelze wegspülen. Wir hoffen auf den Sommer, wir hoffen, dass dann unsere unfreiwillige Expedition hinter den Polarkreis endet. Alle glauben fest, dass wir mit der ersten Lastkahn-Karawane wieder von hier weggebracht werden. Dass wir wenigstens dorthin gebracht werden, wo es Wald gibt und Gras wächst – weg von der nackten Tundra und dem Eis. Da könnten wir wenigstens Gras kauen, da hätten wir Brennholz. Grockis schärft uns ein, dass wir, wenn keine Karawane für *alle* kommt, wenigstens versuchen müssen, auf einzelne Dampfer oder Lastkähne zu gelangen, mit aller Kraft müssen wir von hier weg.

Einen zweiten Winter würden wir nicht überleben – wir, die noch lebenden Verbannten aus Trofimowsk, sind uns darin absolut einig. Aber wenn ich auf die unzähligen Stapel von Stämmen blicke, die sich das ganze Ufer entlang bis nach Konstantinowka hinziehen, diese Hunderttausende von Holzstämmen zwei Meter unter dem Schnee ... Die Stämme sind Baumaterial, das heißt, hier soll ein Betrieb aufgebaut werden, und wir sind die Arbeitskräfte. Wie können sie uns also freilassen, wenn wir in der Absicht gebracht worden sind »oswoit sewer«*, wie Sventickis immer sagt. Allein der Gedanke an einen weiteren Winter, eine weitere Polarnacht erscheint mir so absurd und entsetzlich, dass ich mich den anderen anschließe und hoffe, dass wir von hier fortkommen.

Eine Brigade nach der anderen zieht über den eisigen Golgatha, sie ziehen die Stämme nach oben. Es nimmt kein Ende. Zwei weitere Kosakenbrigaden hacken die im Herbst eingefrorenen Flöße los. Jetzt fällt es mir leichter, die Stämme nach oben zu ziehen – das Seil tut nicht mehr so weh, weil meine Schulter härter geworden ist und die Narbe schmerzt kaum noch. Am Ende des Arbeitstags – wir arbeiten jetzt 14 Stunden – merke

* *den Norden zu bezwingen.*

Dampfer mit Deportierten
auf einem sibirischen Fluss

ich, dass die Wunde an meiner Schulter wieder offen ist. Wie ein Treidler in Repins Gemälde, trage ich das Seil um meine Brust und habe beide Hände am Körper. Das hilft wenig. Es schmerzt dennoch in der Brust, es pocht in meinen Schläfen, in meinen Adern. Ich spüre, wie meine Adern am Hals hervortreten und pochen, pochen, pochen. Vor meinen Augen wird es dunkel, ich lasse meine Zunge heraushängen und hechle. Die Zeit verwischt, Tage, Wochen und Monate verschmilzen. Wenn ich versuche, mich an etwas Bestimmtes zu erinnern, schaffe ich das nicht. Ich sehe nur Golgatha, Stämme, Schnee und Seile, Seile, Seile, Seile. Ich habe nur noch einen einzigen Wunsch: irgendwie diesen einen Stamm nach oben zu schaffen. Nach oben zu bringen. Nur diesen einzigen, nur diesen. Nur diesen.

O Golgatha! Golgatha meiner Jugend. Dich werde ich wahrscheinlich nie mehr los. Du hast meinen Charakter geformt. Hier wurde meine Hartnäckigkeit geboren. Hier habe ich gelernt, leise zu leiden, Schritt für Schritt, mich unter Schmerzen nach oben zu bewegen. Oben angelangt, empfinde ich Freude und habe Vertrauen in meine Kraft. Dieser Golgatha war mein erster Lehrer. Grausam, erbarmungslos. Er lehrte mich zu kämpfen und zu gewinnen. Er hat mich gequält, aber auch gelehrt, mich zusammenzureißen, nicht zu jammern. Das lehrte mich auch das Leben. Und hier, mit diesem ewigen Seil an der Schulter, auf allen Vieren mit meiner schweren Last, fast am Boden, hier habe ich, Golgatha, stummen Hass und stumme Rache gefühlt gegen alles, was einen Menschen in ein Tier verwandelt, was seine Würde zertrampelt.

Nebenan arbeitet eine Männerbrigade, vier Häftlinge. Sie tragen gute Kleidung: Wattejacken und -hosen, warme Stiefel und Pelzhandschuhe. Um die Taille tragen sie einen roten Kuschak, wie die Kosaken. Das ist ein zehn Meter langer, roter Stoff, der zu einem Bund zusammengeschnürt wird. Diese Kuschaks werden von Lastenträgern an den Häfen der Lena getragen. Ich habe schon häufig gesehen, wie sie diese Kuschaks um die Taille und den Bauch wickeln, um sich nicht zu verheben. Die Gesichter dieser Häftlinge sind rot und rund. Man sieht ihnen an, dass sie satt sind. Zu viert schaffen sie mehr als wir zu acht. Einer ist besonders flink, er schaufelt ein Ende des Stapels von Baumstämmen frei, zwei Männer heben einen Stamm aus der tiefen Grube an, und dieser landet so blitzschnell auf dem Schlitten. Der vierte Mann stützt den Baumstamm auf dem Schlitten ab, damit er nicht runterfällt. Im nächsten Augenblick laufen sie schon etwa 500 Meter auf dem vereisten Pfad und ziehen den Schlitten bergauf. Wir mühen uns immer noch ab, unser Stamm steckt noch immer in der Grube, obwohl wir zu acht sind.

Als wir uns dem Berg nähern, überholt uns diese Häftlingsbrigade wieder, sie machen schon ihre zweite Fahrt.

»Ihr habt zu wenig Brei gegessen, Mädchen«, rufen sie uns zu.

Einer von ihnen ist sehr schön, er erinnert mich an Albertas. Blondes Haar, seine tiefblauen Augen schauen mich freundlich und zärtlich an. Er bewegt sich ungezwungen und schwungvoll. Ich habe erfahren, dass er kein Häftling ist, sondern ein Freier. Ein Finne, er heißt Reino. Er rempelt einen nie an, wenn andere derb fluchen, schaut er nur traurig zur Seite. Ich habe den Eindruck, er ist ein junger Mann mit einer reinen Seele. Er gefällt mir sehr! Einmal stand er hinter mir in der Schlange. Plötzlich beugt er sich zu mir und fragt, wie alt ich bin.

»Fünfzehn«, antwortete ich.

»Sie leiden sehr, ich sehe das...«

Er hielt inne, dann sah er mich mit seinen wunderbaren blauen Augen an und fragte:

»Was werden Sie tun, wenn Sie wieder in Litauen sind?«

Wir lachten beide und blickten einander an. Wir verstanden uns ohne Worte. Er wollte mich trösten, mir zeigen, dass er an eine Rückkehr glaubt. Dass wir am Leben bleiben und wieder nach Litauen zurückkehren werden.

Er war der erste Mensch, der mich trösten wollte, der sich mir zuwandte.

Vielleicht werden alle, vielleicht nur ein Teil von ihnen nach Finnland zurückkehren. Es gibt nur zehn Arbeiter – kultivierte, freundliche, gepflegte Finnen, die nach Finnland zurück wollen. Die anderen sind eher Finnlandrussen, sie verehren die Sowjetmacht, das frühere Leben in Leningrad und in den Kolchosen nahe Leningrad. Sie haben Finnland nie gesehen, sie können kein Finnisch. Sie wohnten schon zur Zeit Peters des Großen rund um St. Petersburg. Diese Menschen wirken etwas ungehobelt. Sie mögen uns nicht und wir sie nicht.

Wir arbeiten nun bei den sogenannten Pforten. Der Berg wurde befestigt und die Baumstämme werden hochgezogen. Die Befestigung besteht aus parallel angeordneten Baumstämmen, die entlang der gesamten Steigung in den Sand gelegt wurden. Oben auf dem Berg ist ein Rad, das aus zwei horizontalen Hölzern besteht, die zu einem Kreuz zusammengebunden wurden. Zusätzlich wurden sie mit einem Holzpflock im Boden befestigt. Am Fuß des Bergs werden 8–10 Stämme an ein Seil gebunden und dann von uns nach oben gezogen, indem sechzehn von uns im Kreis laufen, vier an jeder Seite des »Kreuzes«. Das Seil windet sich um den Holzpflock, während wir laufen. Langsam wandern so die Stämme über die »Straße« nach oben. Keine Seile, die uns noch in die Schultern schneiden. Wir laufen nur noch den ganzen Tag im Kreis.

Als wir die Stämme selbst nach oben geschleppt haben, hat Štarienė immer dafür gesorgt, dass sich ihr Seil nur ein bisschen spannt. Sie hatte wohl Wunden an den Schultern. Sie forderte aber unentwegt, dass ich aus der Brigade geworfen werden soll, weil ich noch ein Kind sei und nicht so viel arbeiten könne wie ein Erwachsener. Ich fühlte mich minderwertig. Das hat mich gequält. Ich beobachte Aldona Nausėdienė. Sie ist so würdig und anmutig, voller Menschlichkeit. Ich glaube, sie würde eher verhungern als jemandem etwas wegzunehmen oder um Essen zu betteln. Sie würde lieber nach und nach weniger werden als unmenschlich zu handeln. Ich sitze neben ihr und begreife, dass jetzt alles, was künstlich und aufgesetzt war, jede Höflichkeitsfloskel, jede bürgerliche Verhaltensregel, von uns abfällt wie fremde Kleider. Im Kampf ums Überleben und im Angesicht des Todes wird jeder wer er wirklich ist.

Der nette Postverwalter stiehlt Mehl von seinem Schicksalsgefährten, der direkt neben ihm liegt. Die »Honigsüße« – eine Höflichkeitsikone, die sympathische und fromme Genė, isst ihrer Freundin Stasė, die schon ganz entkräftet ist, die Lebensmittel weg. Genė verteilt das Brot so: Sie schneidet den Brotlaib in zwei Teile und hält die zwei Stücke hinter ihren Rücken – ich kann sie von hinten gut sehen – und fordert Stasė auf, auszuwählen. Sagt Stasė »rechte Hand« und in der rechten liegt ein größeres Brot, vertauscht Genė schnell die Stücke hinter dem Rücken. Ich schweige. Und beobachte jeden Tag dasselbe. Ich würde niemals wagen, Stasė das zu erzählen – sie vergöttert ja diesen Tartuffe.

Meine Wunden sind verheilt. Von der Arbeit werden meine Armmuskeln stärker. Wir gehen täglich sechzehn Stunden im Kreis. Alles dreht sich, mir ist schwindelig. Auch wenn wir 3–4 Stunden am Tag in der Baracke schlafen, setzen wir im Traum unser ewiges Kreisen fort. Um elf Uhr abends kehren wir grimmig, einsilbig und todmüde in die Baracke zurück und fallen sofort um. Jede Nacht träumen wir dasselbe, wir kreisen, kreisen, kreisen im Traum. Wenn wir nach 4 Stunden Schlaf aufstehen und zur Arbeit gehen, sind wir nicht erholt, unsere Beine und Arme sind steif und der Kopf schwer von dem sich wiederholenden Traum. Von diesem sich-im-Kreis-drehen. Aber die ständige Bewegung bei der Arbeit rettet uns vor Skorbut. Unsere Beine sind geschützt, unsere Gesichter sind rau vom Wind, wir spucken oft unsere Zähne aus, die lose sind und ausfallen. Mein Zahnfleisch blutet, ich schlucke meine Spucke und schmecke Blut. Die Tage sind hell, Holz stehlen ist unmöglich geworden.

An unserem ersten freien Tag, den wir nach zwei Monaten Arbeit bei den Baumstämmen bekommen, gehen wir Brennholz holen. Aus jeder Familie kommt eine Person mit. Ich habe Fieber, aber nicht hoch – 37,5 Grad.

»Wer kommt von der Familie Grinkevičiai mit?«

Mein Bruder Juozas schweigt. Er möchte sich heute ausruhen. Das ärgert und verletzt mich. Mama sagt zu Juozas, er solle mitgehen, er schaut sie böse an:

»Die Weiber sollen gehen, sie kommen mit den winzigen Essensrationen besser klar.«

Ich nehme ein Seil und ziehe los. April. Die Sonne scheint den ganzen Tag. Heute habe ich das erste Mal nicht den Wunsch, mein Gesicht bis zu den Augen zu verhüllen. Der Wind peitscht mir ins Gesicht, die Ohrenklappen meiner Mütze schlagen hin und her – ich habe sie bewusst offen gelassen. Milė sagt, ich sei wohl verrückt geworden, ich selbst merke, wie meine Wangen zu frieren beginnen, wie sie weiß und unempfindlich werden. Ich reibe sie mit aller Kraft bis sie brennen. Am Abend kommen wir von Ere Haja zurück. Wir mussten einen riesigen Baumstamm über zwölf Kilometer schleppen. Unterwegs wurden wir von einem Pferd überholt. Es wandte uns seinen Kopf zu und schaute seine »Kollegen« an.

Heute ist Ostern. Obwohl wir jeden Sonntag arbeiten, geht heute keiner zur Arbeit. Am Vortag hat uns Boris, der bei Sventickis die Anwesenheitsliste führt und unsere Baumstämme abnimmt, dringend geraten zur Arbeit zu erscheinen. Sonst bekämen wir Probleme.

Ach, Boris, du bist ein Sklave geworden.

Zur Arbeit kam kein einziger Russe, kein einziger Finne, kein Litauer, kein Kasache, keine Kosake, keiner. Ohne das irgendwie verabredet zu haben – das war eine spontane Vereinigung. Später prahlte Sventickis damit, er habe erlaubt, an dem Tag nicht zu arbeiten.

Wir gehen wieder los, um unser Brennholz zu holen. Das Eis an der mächtigen Mündung der Lena glänzt und auch die Eismassen auf der anderen Seite funkeln so, wie die Tundra durch den glänzenden Schnee schimmert. Eingeklemmt zwischen den Eismassen ragt der Berg von Stolby auf, als hätte ihn jemand auf unseren Weg gelegt.

Wir halten an und bewundern die majestätische und grausame Schönheit der Arktis.

»Das ist schön, Dalia, oder?«, fragt mich Krikštanienė.

»Ja, das ist schön«, antworte ich fröhlich.

Es ist mir angenehm, dass sie mich wie eine Erwachsene und als Gleichberechtigte behandelt. Es stimmt ... Ich merke, dass sich nach der Polarnacht ihre Einstellung mir gegenüber verändert hat. Früher war ich eine Heranwachsende, die keiner weiter beachtete. Jetzt nehmen sie mich wahr und ich würde sogar sagen, sie respektieren mich. Vielleicht, weil ich wie eine Erwachsene arbeite.

Sogar Nausėdienė schaut mich mit anderen Augen an, obwohl in ihrem Blick immer noch viel Ironie ist, die mich jedes Mal erblassen lässt.

Wir arbeiten nachts. Nachts ist die Arbeitszeit kürzer. Tagsüber arbeiten wir 16 Stunden, nachts 12. Nur ist es viel schwerer in der Nacht zu arbeiten, der Schlaf holt einen ein.

In der Nähe von uns gibt es ein Badehaus. In einem Zimmer wurde eine Friseurstube eingerichtet. Dort arbeitet und lebt die Friseurin Pusvaškienė – eine zierliche, dunkelhaarige, dreißigjährige Frau mit ihrer Tochter Gražutė. Jede Nacht sitzt Gražutė auf den Stämmen und schaut uns dabei zu, wie wir ununterbrochen das Rad drehen. Wir haben nie verstanden, warum sie immer bei uns saß. Aber heute um vier Uhr nachts sahen wir, wie der stellvertretende Direktor Sereda zu der Friseurstube ging. Pusvaškienė kam ihm nur in einem Kleid entgegen. Sereda hob sie schweigend, wie ein kleines Kind hoch und ohne den Schritt zu beschleunigen, trug er sie in die Stube hinein. Alle verurteilen Pusvaškienė, und sie, sie lächelt nur, zeigt ihre weißen Zähne und flirtet mit allem, was Rang und Namen hat.

Heute ist der 1. Mai. Tag der Arbeit. Laut Sventickis wird heute die Produktivität in der gesamten Sowjetunion verdoppelt. Auch wir sind dazu aufgefordert, das Doppelte zu erarbeiten. Als Motivation bekommen wir überraschend und feierlich 200 g Weißbrot überreicht. Um sieben Uhr morgens geht das gesamte noch lebende, zweibeinige Trofimowsk-Kontingent zur Arbeit mit den Baumstämmen.

Sogar Sventickis ist erschienen, und Duktow. Sie schließen sich uns an, um unseren Enthusiasmus anzuspornen. Eine halbe Stunde später – und keiner der beiden Herren ist mehr zu sehen. Wahrscheinlich erlaubt ihnen ihre aristokratische Herkunft nicht, die Stämme nach oben zu ziehen, bei diesem Schnee, der einem ständig in die Augen peitscht. Gegen zehn

Uhr erreicht uns ein heulender Schneesturm. Wir sehen weder einander noch die Baumstämme. Der Wind wirft uns ständig um, arbeiten ist unmöglich.

»Gott selbst grüßt uns mit diesem Feiertagswetter«, sagt Irena Jankauskytė, ein spitzzüngiges, schönes Mädchen.

Wir haben Angst, ohne Erlaubnis in die Baracken zurückzukehren, – so diszipliniert sind wir mittlerweile. Wir legen uns neben die Baumstämme in die Grube. So sind wir wenigstens vor dem Wind geschützt. Wir liegen still. Ich erinnere mich an meinen ersten und letzten Maifeiertag 1941 in Kaunas. Das Wetter war schon etwas milder. Wir standen neben einem Theaterkollektiv. Wahrscheinlich habe ich damals große Augen gemacht, als ich die Schauspieler in unserer Nähe bemerkt habe, als K. Petrauskas etwas zu Kardelienė sagte, lachte und sich dann vor mir verbeugte.

Der Schnee deckt unseren Körperstapel zu. Ich höre die Stimme von Krikštanienė. Vielleicht dürfen wir jetzt gehen. Wir bewegen uns langsam nach Hause. Die Schneeböen schlagen uns ins Gesicht, stoßen uns in den Rücken, ziehen uns zurück und werfen uns zur Seite. Wir klammern uns aneinander, damit keiner verlorengeht, damit keiner in der Tundra landet – von dort würde selbst Allah bei diesem Wetter keinen Weg zurückfinden. Aber heute werden wir endlich richtig ausschlafen können.

Der Schneesturm wird wahrscheinlich nicht lange anhalten, die Windböen kommen in kurzen Intervallen. Plötzlich heult der Wind auf, wie ein Wahnsinniger fegt er über alles, man sieht nichts mehr, dann stöhnt er auf und lässt im nächsten Augenblick schon nach. Ihm ist die Puste ausgegangen nach den neun Wintermonaten. In den kurzen Momenten, in denen es stiller ist, können wir die Umrisse unserer Baracke sehen, die nur einige Meter entfernt ist und so arbeiten wir uns weiter und weiter und weiter zu unserem »Domizil« vor. Nach vier Stunden Schlaf werden wir aufgefordert, die Arbeit wieder aufzunehmen. Wir binden schweigend unsere Fußlappen – eigentlich wollen wir laut fluchen, aber wir fluchen nicht. Ich habe den Begriff »man muss« schon verinnerlicht.

(...)

Heute geht unsere gesamte Baracke ins Badehaus, deswegen dürfen wir früher mit der Arbeit aufhören. Wir haben nur 12 Stunden gearbeitet. Ich habe mich schnell gewaschen und bin als Erste wieder von dort zurückgekehrt. Danach habe ich eine Überraschung für unsere Baracke vorbereitet – ich habe das Fenster vom Schnee freigeschippt. Zwei Meter tief musste ich bis dorthin graben. Zurück in der Baracke wurde ich von Ekel erfasst. Im Tageslicht sah sie noch schrecklicher, noch scheußlicher aus. Der Schnee soll die Baracke wieder möglichst schnell begraben. Überall Lumpen, dicht aneinandergedrängt liegende Menschen, dreckiger Boden. Nein, wir brauchen kein Tageslicht! Die Gesichter sind gelb, schrecklich, die Augen eingefallen, die Körper nur noch Haut und Knochen. Krikštanis leidet seit einem Monat an der Ruhr. Er sitzt nur noch auf dem Topf.

Wir haben über unserer Pritsche ein kleines Regal aufgebaut und hängen unsere Lumpen darüber. Krikštanis hat auch so ein Regal für sich gebaut und sitzt darunter wie unter einem Baldachin.

»Ein Imperator unter einem Baldachin«, spottet Milė.

Krikštanis hat nicht mehr die Kraft zu laufen.

Ich liege auf dem Boden. In unsere Baracke verirrt sich ein Hund, wahrscheinlich ein Schlittenhund der Jakuten. Der Hund bellt laut, er rennt herum und sucht verzweifelt den Ausgang.

»Los jetzt, fangt den Hund, bindet ihn an!«, ruft Krikštanis und seine eingefallen Augen glänzen, rollen von links nach rechts.

»Der Hund ist verrückt, wir haben Angst.«

Die Frauen trauen sich nicht, Krikštanis ruft wieder:

»Bindet ihn an, bindet ihn an, ich werde euch helfen, erwürgt ihn, erwürgt ihn, lasst ihn uns braten, das ist Fett ... Fleisch ...«

Er glotzt mit seinen Froschaugen und versucht, sich mit letzter Kraft von der Pritsche zu erheben. Er plumpst auf den Boden, versucht aufzustehen, schwankt und stürzt erneut. Der Hund wird panisch, er winselt laut und will entkommen. Wir helfen Krikštanis auf und setzen ihn auf seine Pritsche zurück. Er beruhigt sich und brabbelt vor sich hin. Krikštanis sitzt majestätisch unter seinem Baldachin, der »Imperator« der Baracke Nummer 13. Plötzlich beginnt er zu röcheln und zu zucken. Ich setze mich neben ihn. Seine Frau ist noch im Badehaus. Krikštanis verliert das Bewusstsein, er lallt irgendwas.

Der Rest kehrt vom Badehaus zurück. Wir feuern den Ofen an und kochen unsere tägliche Brotsuppe.

Zwei Stunden vergehen. Krikštanis ringt mit dem Tod. Er schlägt manchmal um sich und röchelt. Seine Augen weiten sich. Noch gestern Nacht hatte ich gehört, wie Krikštanis seine Frau tröstete:

»Der Frühling ist gekommen, Broniuk, bald beginnt die Fischsaison, wir können beide mit dem Boot angeln gehen. Dann können wir uns wieder sattessen, uns wirklich sattessen.«

Krikštanis wiederholt dieses »uns sattessen«, aber ich merke, er weiß nicht mehr, was »uns sattessen« bedeutet.

»Er blökt wie ein Schaf, möh möh möh«, ahmt Grockis den Sterbenden nach, während er die Suppe umrührt. – »Die Suppe wird dick, Vytas. He, gib mir eine Handvoll Erbsen, dann wird sie perfekt.«

»Der Ungläubige, seine Seele kann sich nicht von seinem Körper lösen, deswegen krächzt und röchelt er so lange«, schlaumeiert die scharfzüngige Milė und hofft, dass sich Krikštanis im Augenblick des Todes Gott doch noch zuwendet.

»Er muss doch das Jenseits schon sehen, da ist es höchste Zeit zum Glauben zurückzukehren.«

»Er ist ein Kommunist. Vergiss das mit dem Glauben.«

Krikštanis hat die Sowjetmacht schon längst verflucht und damit abgeschlossen, aber dass er sich freiwillig aus Litauen evakuieren ließ, ist immer Gesprächsthema. Alle finden es idiotisch und spotten unentwegt. Krikštanienė weint und wiederholt ständig:

»Vati, warum lässt du uns hier alleine, verlass uns nicht!«

Aber sie sieht, dass das Ende naht und ruft den Sohn Alis zu sich, damit er sich diesen Augenblick einprägt. Alis schreit:

»Ich habe Angst vor ihm! Ich fürchte mich vor ihm!«, und versteckt sich unter der Pritsche am anderen Ende der Baracke.

Krikštanis hat den Namen Gottes nicht ausgesprochen, obwohl viele darauf gewartet haben. Er kam nur für einen kurzen Augenblick zu sich, hat »Broniuk!« gerufen und sich fest an seine Frau geklammert, als hätte er Angst sie zu verlassen. Sein Sterben war schwer. Er konnte lange nicht von dieser Welt gehen, er hat geschrien, geröchelt, um sich geschlagen – das alles mischte sich mit dem Klappern von Töpfen und Gesprächen über Pfannkuchen. Jeder ging seinen Geschäften nach. Der eine stirbt, der andere sitzt auf dem Topf, man isst und plaudert.

Der Körper von Krikštanis krampft ein letztes Mal und wird von Konvulsionen geschüttelt. Dann kommt der Tod. Exkremente mit Blut und irgendwelche Flüssigkeiten fließen aus ihm heraus. Es stinkt fürchterlich. Sogar auf den Boden tropft es. Das Tageslicht berührt die nackte Leiche.

Die Gespräche verstummen. Einen Augenblick lang schweigen alle. Noch ein Opfer.

»Wo soll er die Nacht über hin?«, fragt Krikštanienė. Sie kann nicht neben einer Leiche schlafen, weil alles so eng ist.

»Leg ihn doch unter die Pritsche«, schlägt Jasinskienė vor, sie erinnert sich an die Geschichte mit dem Kind von Barniškienė.

Die Leiche von Krikštanis hat auf dem Fußboden übernachtet.

»Der Imperator ist entthront«, sagt Milė und kriecht unter ihre Lumpen.

Wir sind animalisch, denke ich, wir sind zu Tieren geworden.

»Ach, Broniuk, wir beide werden überleben, wir sind noch jung …«, höre ich in meinem Inneren die Stimme von Krikštanis wieder.

Die Baracke Nummer 13 schläft.

Zu unserem »Galeerenrad« kommt jeden Tag ein schöner, sympathischer, junger Mann in Gymnasiastenuniform. Ein Fuß von ihm ist dick verbunden. Er setzt sich auf die Stämme und hockt so stundenlang, ohne sich zu bewegen – er schaut auf die Mündung der Lena, auf die Berge am Horizont, auf den Stein von Stolby, der in unseren Weg ragt, auf die unendliche Weite der Tundra. Jedes Mal wenn wir mit dem sich schwer drehenden, knackenden Rad an ihm vorbeigehen, streifen unsere Blicke gierig sein helles Gesicht und die fast neue blaue Uniform. Wie hat er es nur geschafft, die Uniform nicht gegen Essen einzutauschen? Er bekommt 800 g Brot am Tag, er arbeitet nicht und wir beneiden ihn.

Einmal war er mit Grockis fischen gegangen. Als Mindaugas in den Netzen nach Fischen geschaut hat, ist ihm sein Fuß durch ein Eisloch ins Wasser gerutscht. Wäre er sofort nach Hause geeilt, wäre sein Fuß nicht abgefroren. Aber Grockis hat nur einmal laut geflucht und lakonisch gesagt:

»Hm, der Fuß wird schon dranbleiben, aber unsere Eislöcher können wieder zufrieren, hm, wir sollten also zuerst die Löcher auf Fische überprüfen.«

Fischerbrigade mit Netzen.
Trofimowsk, Jakutien 1949

Und sie sind geblieben.

Bereits auf dem Rückweg zur Baracke zog Mindaugas seinen Fuß nach. Der halbe Fuß ist ihm abgefroren und es kam zu einer Gangrän. Die Jakuten bekamen Geld dafür, Mindaugas zur Amputation nach Tiksi zu bringen. Sie haben ihn aber kurz nach Trofimowsk vom Schlitten geworfen und sind abgehauen. Mindaugas blieb den ganzen Winter über in der Baracke auf der Pritsche liegen. Der Fuß wurde darüber hinaus nicht von der Gangrän befallen, aber die erfrorenen Fleischstücke sind abgefallen und die Knochen haben sich unter der Fußsohle zusammengeschoben. Mindaugas hat sogar den Skorbut besiegt, der ihn im Winter gequält hatte und so kam der Frühling. Nach vielen Jahren hatte ich sogar Gelegenheit, mit Mindaugas zu tanzen, nur beim Foxtrott hat er seinen Fuß immer noch irgendwie anders über das Parkett gezogen, die Knochen unter der Sohle liegen wahrscheinlich immer noch offen.

Heute, am 14. Mai, geht eine neue Gruppe zum Meer, nach Bobrowsk, 150 Kilometer von Trofimowsk entfernt. Aus unserer Baracke hat sich dieser Gruppe Vincė Sidaravičienė, oder Daunorienė wie sie sich nennt, angeschlossen. In Kaunas lebte sie mit einem Polizeibeamten zusammen und hat in der Küche einer Klinik gearbeitet. Als Daunoras abgeholt und deportiert wurde, ist sie freiwillig mitgekommen, weil sie ihn liebte und mit ihm zusammensein wollte. Sie ist eine einfache und sehr aufrichtige, 25 Jahre alte Frau. Ihre Liebe und ihre Tat berechtigt sie weitaus mehr als eine Trauung am Altar, Daunorienė genannt zu werden. Wir haben sie schon hundertmal gebeten zu erzählen, welches Essen die Kranken in der Klinik bekommen haben und immer, wenn sie an die Stelle kommt, an der die Essensreste in der Jauchegrube entsorgt werden, stöhnen wir allesamt auf und fluchen verärgert. Ach, wenn wir jetzt nur Zugang zu solchen Jauchegruben hätten, wir wüssten schon, wie wir satt würden. Vincė hat während des Transports nach Trofimowsk mit Žukienė zusammengelebt, sie bekam unterwegs Durchfall und machte sich die Hosen voll bis zu den Ohren. Žukienė hat sie dann des Platzes verwiesen – das half allerdings wenig, weil der Gestank und die Läuse Žukienė trotzdem weiter verfolgten.

Aber Vincė ist nicht gestorben, obwohl hundert Menschen von hundert keinen Zweifel hatten, dass sie sterben wird. Sie ist dank Doktor Samodurow, der Vincė viele Vitamine gegeben hat, von den Toten auferstanden. Als sie sich bereiterklärt hatte, nach Bobrowsk zu gehen, dachten wir, sie hätte den Verstand verloren. Ein Schatten, der sich gerade noch auf den Beinen halten kann, möchte solch einen weiten Weg zu Fuß zurücklegen. Sie muss über Schneemassen laufen, die harten Eisschollen überqueren, wo es keinen richtigen Weg gibt, nur manchmal erkennt man die Spuren von Schlittenhunden. Und was, wenn sie es nicht schafft, mit der Gruppe mitzuhalten, die werden wohl kaum für sie ihr Leben riskieren. Was macht sie dann? Aber Vincė ist fest entschlossen mitzugehen.

»Ich kann mich dann wenigstens am Fisch sattessen. Wenn ich unterwegs sterbe, verliere ich doch nichts, weil ich auch hier sterben würde.«

Dieser eisernen Logik können wir nichts entgegensetzen.

»Und wenn sie es wirklich bis Bobrowsk schafft, dann kann sie Fisch essen, jeden Tag wird sie satt sein ... den fetten Stör kann sie braten ...«, denkt Grockis laut und wir schlucken nur die Spucke hinunter.

Interessant, wie das wohl wird.

Über zwanzig Personen haben sich auf den Weg gemacht. Selbst Doktor Samodurow und fünf Kosaken haben sich angeschlossen; zwei voll bepackte Hundeschlitten kommen mit. Die Menschenkarawane zieht langsam los. Wir verlieren das rote Tuch, in das Vincė sich gehüllt hat, aus den Augen. Ich glaube nicht, dass sie es schafft. Die Arktis akzeptiert nur die Stärksten und keine lebendigen Leichen. In der Nacht träume ich von Vincė auf einer Blumenwiese.

Am 15. Mai kam der letzte, starke Schneesturm. Keiner bezweifelt mehr, dass Vincė umgekommen ist.

In Trofimowsk schmilzt der Schnee. Ende Mai. Heute beginnt hier der Frühling. Manche Russen, die sich seit 1930 in der Arktis herumtreiben, behaupten, sie hätten noch nie so früh den Beginn des Frühlings erlebt. Trofimowsk wird zu einer offenen Jauchegrube, man kann sich das kaum vorstellen: Exkremente vom ganzen Jahr, Müll und Lumpenberge liegen um die Baracken herum, jeden Tag kommt mehr zum Vorschein, weil der Schnee schmilzt. Es sieht aus, als lebten wir auf einem Misthaufen – überall liegen Exkremente. Wie kommt es, dass wir nicht alle an Typhus verreckt sind? Schmelzwasser fließt in den See, aus dem wir unser Trinkwasser holen, das Trinkwasser ist braun von Sch...

»Daraus schließe ich, dass die medizinische Behauptung, Mikroben seien für den Organismus schädlich, nicht zutrifft, sonst hätten wir durch den ständigen Dünnpfiff schon längst unsere Gedärme rausgekackt«, sagt Grockis.

Direktor Mawrin geht durch die Baracken und tadelt die Leute:

»Ich habe bereits viele Menschen kennengelernt, aber solche Schweine wie euch sind mir noch nicht untergekommen. Sogar die Chinesen sind sauberer als ihr!«

Er will, dass wir die Exkremente auf den Tragen zum Ufer bringen. Wir sind einverstanden, fordern nur, dass er uns dafür bezahlt. Mawrin lehnt ab. Dieser Unmensch, ihm sind die staatlichen Kopeken für uns zu schade. Nach der Arbeit gehen wir mit den Tragen und Keilen zu den Kothaufen. Wir sind die Kotgräber, so nennt uns Milė. Wir arbeiten langsam, ungern, wir schummeln, wo es nur geht. Als Mawrin merkt, dass die Kothaufen nicht kleiner werden, ordert er am nächsten Tag fünf Brigaden. Sie arbeiten für Geld.

Grockis schleppt irgendeine Decke mit sich nach Hause. Er hat sie in der Kotgrube gefunden, vielleicht bei einer Leiche.

»Ich wasche die Decke einmal durch, dann passt das.« Und tatsächlich – die Decke scheint gar nicht schlecht zu sein, vielleicht gehörte sie früher einer Finnin. Bis Grockis sie sauber bekam hat es lange gedauert – davon konnte einem wirklich schlecht werden.

Heute ist mein Geburtstag. Wir haben die Stämme geschleppt und unsere Betriebsleitung hat uns zur Erholung den ersten Tag freigegeben. Wir sitzen alle um den Ofen herum, nass bis auf die Knochen. Seit gestern regnet es stark. So wie im Winter der Schnee durch die Barackendecke fiel, fließt jetzt ununterbrochen das Wasser. Unsere Lumpen, wir nennen sie Bettwäsche, liegen auf den Pritschen im Wasser. Am Fußboden steht das Wasser bis zu den Knöcheln. Ich war immer stolz, dass mein Geburtstag in der schönsten Jahreszeit liegt – am 28. Mai. Dann blühen die Gärten, überall duftet es. Ich hatte immer fröhliche Geburtstage und abends, wenn meine Freundinnen nach Hause gegangen waren, stand ich oft noch lange vor dem offenen Fenster und freute mich zutiefst über die Schönheit draußen. In diesen Tagen habe ich das Leben lieben gelernt, all das, was schön in ihm ist, und diese Liebe spüre ich bis heute in mir.

Ich kann mich gut an meinen Geburtstag 1940 erinnern. Es waren nur vier Freundinnen da. Meine Mutter hatte meinen Geburtstagstisch vorbereitet. Es fehlte an nichts – weder an Torten noch an Süßigkeiten. Meine Freundinnen waren schüchtern und trauten sich nicht richtig, und wenn meine Mutter ihnen ab und zu etwas anbot antworteten sie nur:

»Nein, danke schön, ich möchte nicht. Danke.«

Kaum hatte meine Mutter das Zimmer verlassen, lag in der Schale nur noch das Bonbonpapier ohne Inhalt, die Torten wurden im Sekundentakt kleiner. Wenn meine Mutter ins Zimmer zurückkehrte, war der Tisch halb leergefegt, die Gesichter sahnig, die Lippen voller Schokolade. Als die Gäste nach Hause gegangen waren und ich allein, kam Papa zu mir ins Zimmer. Er gab mir einen Kuss, umarmte mich und so standen wir eine Weile vor dem offenen Fenster. Ich erinnere wie er sagte:

»Das Leben, Dalia, besteht nicht nur aus angenehmen Dingen. Das Leben ist ein Kampf. Bereite dich auf diesen Kampf vor, damit du nicht vom ersten Sturm umgeworfen wirst. Und eines möchte ich dir ans Herz legen, mein Mädchen – verkaufe nie dein Gewissen.«

Ich schaute zu ihm hoch, die letzten Sonnenstrahlen fielen auf sein Gesicht, seine Augen wurden feucht, seine Lippen zitterten ein wenig. Die ganze Welt duftete in diesem Augenblick nach Blüten und liebkoste uns. »Nein, das Leben ist schön, nicht schwer und es wird wie ein schöner Traum weitergehen«, dachte ich damals. Ich glaubte, es würde für immer so bleiben.

Der Regen wäscht mein Gesicht, meine Haare, fließt mir über den Rücken und über den Bauch. Wasser, Wasser, Wasser! In der Tundra schmilzt der letzte Schnee. Die rote Ziegelbaracke ist aus ihrem Schneegrab auferstanden. Regengüsse und das Heulen des Windes werden durch Schärme vorbeifliegender Wildgänse unterbrochen. Die Jakuten jagen in der Tundra. Gestern kam einer nach der Jagd vorbei und erzählte uns, er habe die Leiche einer Frau gesehen. Seiner Erzählung nach könnte es Baltrukonienė sein. Heute sind acht Litauer mit einer Trage losgezogen, um die Leiche zu holen. Regina Stalauskaitė wollte mich mitnehmen, ich habe mich aber rausgeredet, weil ich Angst habe. Vor den Toten habe ich keine Angst, aber vor einer erfrorenen Leiche fürchte ich mich. Am Abend sahen wir eine langsam voranschreitende Prozession in der Ferne. Die Träger waren blass, sie konnten kaum laufen und beschwerten sich, dass die Frau sehr schwer sei. Sie hatten sie fünf Kilometer außerhalb von Trofimowsk gefunden, auf dem Gesicht liegend. Ihre Strümpfe waren abgezogen. Als wir sie auf den Rücken drehten, floss Blut aus der Nase, als sei sie eben erst gestorben. Ihre Wangen waren rot, keine Anzeichen von Verwesung. Sie lag seit fünf Monaten unter dem Schnee, steinhart gefroren. Wenn uns nicht der Jakute davon erzählt hätte, wäre sie dort liegengeblieben, bis ihre Leiche irgendwann verwest wäre. Liegengeblieben wie Albertas, Dzikas und noch Hunderte Gefangene und Fischer, die in diesem Winter in der unendlichen Tundra ihre Grabstätte gefunden haben. Die goldene Uhr und die Kette mit dem Kreuz von Baltrukonienė waren fort. Ihre Strümpfe waren zerrissen, abgezogen, der schwarze Pelzmantel aufgeknöpft. Manche hatten den Eindruck, Baltrukonienė sei ausgeraubt worden. Unsinn! Sie war fünf Kilometer lang schnell gelaufen und vom Wind vorwärtsgetrieben worden. Sie hat bestimmt bereits in den ersten Minuten erkannt, dass sie an der Bäckerei vorbeigelaufen sein musste, weil sie sich im Schneesturm verirrt hatte und nun vom Wind in die eisige Tundra getrieben wurde. Was hat sie wohl die ganze Zeit über gedacht, welcher Schrei wuchs in ihrer Brust, als sie bei klarem Bewusstsein in ihr eisiges Grab getrieben wurde? In der Baracke blieb ihr vierjähriger, zitternder Junge Jaunutis. Was fühlte ihr Mutterherz, als ihr Hände und Füße erfrieren und sie merkt, wie das Herz immer langsamer schlägt. Man sagt, wenn sich ein Mensch im Schneesturm verirrt, wird er wahnsinnig: Ihm wird heiß, er hat Wahnvorstellungen, reißt Handschuhe, Schal und Mütze von sich. Wahrscheinlich hat Baltrukonienė sich selbst die Kleidung vom Leib gerissen. Jaunutis wurde seine Mutter in der Leichenhalle der Krankenstation gezeigt. Die Ärztin hat den Pelzmantel von Baltrukonienė genommen, mit dem diese über fünf Monate in dem eisigen Grab gelegen hatte. Ist sie deswegen ein schlechterer Mensch als Misiūnienė, die aus Hunger die Laken der Leichen gestohlen hat oder als Doktor Griko, die fünfzehn Koffer besitzt, voll mit litauischer Kleidung?

Eine Überschwemmung droht, weil sich Trofimowsk auf einer kleinen Insel in der Mündung des Flusses Lena befindet. Von allen Seiten kommt Wasser. Die Leute von der Siedlungsleitung sind blass, sie rennen hektisch am Ufer hin und her. Die Lena tritt über das Ufer. Wir dürfen uns nachts nicht zum Schlafen hinlegen. Warum nur? Es gibt ja sowieso keine Boote, die die Menschen retten könnten. Auch wenn es sie gäbe, würden sie wahrscheinlich nicht viel nützen ... Trofimowsk ist eine winzige Insel in der Lenamündung. Wenn sich die großen Eismassen gen Laptewsee bewegen, kann unsere kleine Insel zunichte gemacht werden, bis kein einziger Schornstein mehr zu sehen ist. In der Nacht wache ich auf, weil es so laut ist – die Eisschollen krachen aneinander. Vielleicht steht das Wasser auch bald so hoch, dass es unsere Insel überschwemmt, die Glocke bimmelt ja ununterbrochen. Aber von uns bewegt sich keiner. Wir sind dem Tod gegenüber absolut gleichgültig. Wenn es mein Schicksal ist zu sterben, dann werde ich sterben. Das hängt nicht von mir ab. Unsere Leitung will offensichtlich nicht sterben, sie sind panisch.

Ich hebe meinen Kopf und muss laut lachen. Milė sitzt auf der Pritsche, mit dem Rücken an der Wand. Ihr Haar ist schön gekämmt, zwei Bänder schimmern darin – ganz rot. Ihre Lippen sind geschminkt.

»Noreikienė, sind Sie wahnsinnig geworden?«

»Ich möchte vor dem Tod schön aussehen. Wenn ich schon ertrinken muss, dann mit schönen Bändern im Haar.«

Ach, Milė, diese Königin des Flirts, unsere elegante Ehefrau des Sekretärs vom Warschauer Konsulat – sie ist nie verzweifelt, sie lacht immer und schafft es, die anderen aufzuheitern – sogar im Angesicht des Todes.

Die Eisschollen haben jetzt den Eingang unserer Baracke erreicht, noch einen Augenblick – und unser architektonisches Meisterwerk wird von ihnen zermalmt werden. Aber das wird nicht unser Schicksal. Das Wasser fließt plötzlich ab. Am Ufer, direkt vor unserer Baracke, bleiben die Eisschollen, groß wie eine halbe Baracke, liegen. Violette Kristalle. Wir zerhacken die Eisstücke und bekommen so frisches Wasser.

Sieben Tage lang ziehen Eismassen an uns vorbei, riesige Eisschollen. Sie stoßen aneinander, kämpfen dröhnend, meine Ohren sind taub geworden von dieser Musik. Eine Eisscholle treibt vorüber, auf der wir verstreut verschiedene Dinge liegen sehen, eine Decke und einige Leichen. Vielleicht liegt da Albertas mit seinen Freunden? Hat die Arktis nicht genug Opfer in diesem Winter gesammelt?

Noch zweimal treiben feierlich Eisschollen voller Leichen an uns vorbei. Auf einer bellt ein Hund. Wie viele Leichen hat die Lena in den Atlantischen Ozean gespült – wenn unser Flussarm nur einer von Tausenden ist, der in die Laptewsee fließt!

Zweimal bin ich beim Schleppen der Stämme ohnmächtig geworden, aus meiner Nase floss Blut. Mir ist ständig schwindelig. Doktor Samodurow hat mich untersucht und festgestellt, dass ich an Tuberkulose erkrankt bin. Er hat mir verboten zu arbeiten. Ich fühle mich mit jedem Tag schlechter. Werde ich bald sterben? Der Doktor hat mich für die Erlaubnis, nach Jakutsk fahren zu dürfen, zu einer Kommission geschickt.

In Trofimowsk ist viel los. Die Schiffe fahren wieder, bald kommt die erste Karawane zu uns, die Fischerei-Saison hat begonnen. Keine Rede davon, dass wir den Polarkreis nun verlassen dürfen – keine Rede. Alle, die überlebt haben, die nach dem Winter noch auf ihren Füßen stehen können, sie alle sollen in die Fischerei gehen. Wer Invalide ist und als Fischer nichts taugt, wird in die Fischverarbeitung geschickt. In Bobrowsk (Saskylach) und Tumat stehen Hunderte von Tonnen mit gefrorenem Fisch, der verarbeitet werden muss. Im Frühling bilden sich litauische und finnische Fischer-Kolchosen, sogenannte Artellen. Stankevičius und Steponavičienė sind durch die Baracken gegangen und haben die Litauer angeworben, ihrer Kolchose beizutreten. Wenn genug Fisch vorhanden ist, bekommen die Mitglieder einiges an Geld und können Waren kaufen – sie leben dann fürstlich. Wenn aber kein Fisch da ist, hungern sie. Diejenigen, die der Kolchose beigetreten sind, haben 20 kg Mehl als Vorschuss bekommen – für viele ausgehungerte Menschen war diese Verlockung der einzige Grund beizutreten. Aus unserer Baracke ist kaum jemand beigetreten, nur Familie Totoraitis und Barniškienė. Die Agitatoren haben sich über uns mokiert, sie meinten, wir würden unsere Entscheidung bitter bereuen. Ich war hin und her gerissen, aber mein Bruder verfluchte sie laut und lehnte den Beitritt kategorisch ab.

In den Kolchosen wurden Brigaden gebildet und auf verschiedene Gebiete verteilt. In den ersten Booten sind die Menschen zum Fischen ausgelaufen. Ich besuche einen Buchhalterkurs und werde dann als Buchhalterin nach Bobrowsk geschickt. Mein Bruder Juozas bekommt Arbeit in der staatlichen Fischerei, in einer Kosaken-Brigade. Er verdient jetzt 220 Rubel im Monat. Für Fisch wird wenig Geld gezahlt. Aber er bekommt außerdem Lebensmittelkarten. Das heißt, sogar wenn kein einziger Fisch gefangen wird, müssen wir nicht hungern. Gibt es allerdings reichlich, kann er trotzdem nicht mehr verdienen. Sein Brigadier heißt Tumin, der Mann von Saulevičienė.

In der Brigade meines Bruders fischen sie zu fünft, mit einem 300 Meter langen Netz. Das Fischernetz wird 8–12 Mal am Tag ausgeworfen, die Männer arbeiten 16–20 Stunden am

Tag, danach fahren sie 20 Kilometer nach Trofimowsk, um den Fisch abzuliefern. Tumin hat es eilig, er möchte zu seiner Frau, die große Sehnsucht nach ihm hat, deswegen soll sich die Brigade beeilen. Juozas lacht, weil Tumin einem Orang-Utan ähnelt. Tumin erzählt, er hätte im Bürgerkrieg einigen Feinden den Kopf wie einen Kohlkopf abgerissen.

Ich habe Kespaiko getroffen. Er war der Leiter des Lebensmittellagers. Er war ein estnischer Kommunist und ist nach Tartu in Estland geflohen, wo die Kommunistische Partei am stärksten war. Ziemlich bald bekam er den ideologischen Druck zu spüren. Aber es gab für ihn keinen Weg zurück. Und so bereist er mit seiner Ehefrau Vera Pawlownavna seit 1922 die gesamte Sowjetunion – verschiedene Städte und Goldgruben. Ich habe im März diesen Jahres bei ihm in der Kooperative gearbeitet. Aus dem Karton amerikanischer Pakete, in denen Konserven transportiert worden waren, fertigte ich Umschläge. Kespaiko gab mir Mehl, um daraus Klebstoff herzustellen. Er brachte mich einmal ins Lager, füllte 3 kg Mehl ab und flüsterte mir ins Ohr: »Nimm das mit nach Hause.« Danach gab er mir noch zusätzliches Mehl für den Kleber. Meine Umschläge waren nicht gut – nicht schön, schief, schlampig – ich arbeitete relativ langsam, aber Kespaiko hat mich trotzdem behalten, ich konnte in einem warmen Büro sitzen und Pfannkuchen essen. Einmal sagte er zu mir: »Ich würde dir gerne einen Sack Mehl mitgeben, aber das würde euch trotzdem nicht vor dem Hunger retten, außerdem schwätzen deine Leute viel und ich würde bestimmt sofort hinter Gitter landen.«

Vor Kurzem hat Kespaiko mich getroffen und erzählt, dass er die Aufsicht über das Lebensmittellager an jemand anderen abgegeben hat – er selbst fährt nach Bobrowsk, um Leiter eines Fischereigebiets zu werden. Kespaiko sucht jetzt Arbeiter und möchte gerne Litauer dabei haben. Daher wurde auch ich nach Bobrowsk beordert. An einem schönen Nachmittag, als die Lena wunderbar ruhig wie ein Spiegel vor uns lag, kam der Dampfer »Komsomolec«, und wir verließen die Insel Trofimowsk mit unserem Lastkahn, voll beladen mit Lebensmitteln, Netzen, Salz, Menschen und Fischerbooten.

Langsam fuhren wir an der riesigen Ziegelbaracke vorbei, an den Holzbaracken, den Erdhütten, vorbei am schrecklichen Leichenberg aus Hunderten von Leichen, alles blieb hinter mir. Liuda, die ihren Bruder und ihre Mutter beerdigt hatte, begann zu weinen. Ich sah mich um, fast alle weinten, mit traurigen Augen verabschiedeten sie sich von diesem schrecklichen Friedhof, von diesem »nicht von menschlichen Händen geschaffenem Denkmal«. Mir wurde es leichter ums Herz, die Hölle entfernte sich, ich lebte noch, sogar meine Mutter saß hier neben mir.

Die Zeit des Hungerns ist vorbei. Wir fahren zum Fischessen. Wir fahren in eine bessere Zukunft.

Schon zwei Tage lang stampft unser Dampfer monoton, dahinter schaukelt unser Lastkahn, an uns vorbei ziehen Inseln und Inselchen, auf denen noch nie eine Menschenseele gewesen ist. Ich wundere mich wie der Jakute, der Kapitän des Dampfers den Weg findet. Unser Flussarm fließt bald ins Meer, immer neue Flussarme münden darin, Hunderte, Tausende. An den Ufern der Inseln treibt viel Holz, über Jahre hat die Strömung das Holz aus den bewaldeten Orten zusammengetragen. Manchmal schwimmt an uns eine Herde von Elchen vorbei. Ihre Geweihe ragen wie Türme aus dem Wasser. In der leeren, öden Tundra liegt hier und da ein noch nicht geschmolzener Eisberg, obwohl es schon Juli ist. Man kann einen ganzen Monat lang durch diese Gewässer fahren, ohne auch nur einer Menschenseele zu begegnen. Plötzlich setzt der Motor des Dampfers aus, die Strömung treibt unseren Lastkahn und die Fischerboote ab. Wir beginnen, uns im Kreis zu drehen. In diesem breiten Flussarm, von dem aus wir die Ufer nicht sehen können, stoppt nur das Auswerfen des Ankers unseren Walzer. Der Dampfer ist nicht mehr zu reparieren. Die litauischen Fischer trennen sich von uns und rudern aus eigener Kraft in Richtung Bobrowsk, riskieren aber dabei, sich zu verirren. Sie werden von einem Jakuten gelotst, der sich orientiert, indem er in die Luft schnuppert und so in dieser unendlichen Weite die Richtung herauszufinden versucht, in der das Meer liegt. Ein Boot fährt gegen die Strömung zurück nach Trofimowsk, um über unser Unglück zu berichten. Die Zeit scheint stehenzubleiben. Jetzt herrschen die Polartage, an denen es immer hell bleibt. Wir haben das Gefühl verloren, wie viele Tage schon vergangen sind. Die einen meinen, es ist Sonntag, die anderen sagen – es sei Donnerstag.

Schon lange tobt ein Sturm, er wirft, schaukelt und dreht unseren Lastkahn in alle Richtungen, die Wellen rollen über die flache Reling, wir werden im salzigen, schwarzen Wasser der Laptewsee gebadet. Es ist unglaublich kalt. Wir zittern wie Hunde, es sieht so aus, als ob der Wind uns bald vom Lastkahn fegen und unsere Kleidung wegreißen wird. Manchmal regnet es. Wir haben keine windgeschützte Stelle, kein Verdeck – wir sind unter freiem Himmel. Wir spüren die Nähe des Meeres.

Kein Brot mehr. Der Hunger quält uns. Wann kommt endlich der neue Dampfer »Tichij«? Auch dieser Dampfer ist klapprig, geht ständig kaputt. Ein Jakute hat das einmal Direktor Mawrin gegenüber so formuliert: »Twoj kater tolko pokojnikov srat wosit.«* Ein Fischverarbeitungsunternehmen, das ein 200–300 Kilometer langes Gebiet am Meer besitzt, hat nur zwei Dampfer! Vielleicht hat sich das Fischerboot verirrt und die Nachricht von uns hat Trofimowsk nicht erreicht? Kespaiko gibt auf seine Verantwortung jedem ein Kilogramm Mehl und eine Konservendose. Die Konserven essen wir sofort auf. Mit

---

** Dein Kutter ist nur dazu gut, die Toten zum Kacken zu bringen.*

Litauische Verbannte reparieren
Fischernetze an der Lenamündung.
Trofimowsk, Jakutien 1949

dem Mehl sieht es schlechter aus – wir essen rohen Teig, weil wir ihn nirgends backen können. Uns kommt es so vor, als würde dieser Sturm nie enden, der Dampfer wird nie kommen und wir werden hier verrecken und auf dem offenen Boot in den dunklen Gewässern des Arktischen Meeres erfrieren. Krankenschwester Franja ist mit uns gekommen, sie wollte zu einem Kranken in Bobrowsk. Sie reißt sich zusammen und beschwert sich nicht. Neben uns liegt eine Jakutin. Sie kam so mit wie sie war – nur mit ihrer Wattejacke bedeckt. Jetzt ist sie schwarzgrün vor Kälte. Ich werfe meinen roten Wintermantel über sie. Sie sagt etwas zu mir, wahrscheinlich bedankt sie sich. Sie steckt meiner Mutter ein großes Stück Zucker zu. Wessen Wille ist das, was bringt uns von den unterschiedlichsten Kontinenten hierher, so dicht zusammen, zwingt uns, auf offener See aufeinanderzutreffen? Gratschjow rudert los, um Festland zu finden. Ich schließe mich ihm an. Nach drei oder fünf Kilometern steigen wir an einer Insel aus. Ein paar Hundert Meter vom Ufer entfernt entdecken wir eine Holztafel und zwei Kreuze. Ich lese: 1905 oder 1895, Barantol. Hier also hat der schwedische Reisende und Erforscher des Nordens Barantol seine Ruhestätte gefunden. Ein Sarg ist zerhackt worden – wahrscheinlich von irgendeinem Menschen, den das Schicksal hierher verschlagen hat. Die Reste einer Feuerstelle sind zu sehen. Ein Stückchen weiter entfernt liegen verstreut menschliche Gebeine.

Kein Holz zu sehen. Wir haben ein Dutzend Eier von wilden Gänsen gefunden und sind dann zurückgerudert. Es ist schwer sich vorzustellen, dass die Menschen in Litauen jetzt ohne Mäntel herumlaufen, dass die Sonne dort scheint und wärmt, dass es irgendwo Sommer gibt, die Wärme, dass die Wellen des Eismeeres dort nicht schlagen, nicht das Blut in den Adern gefrieren lassen, dass es irgendwo Leben gibt.

Es ist, als seien Monate vergangen. Endlich sieht man am Horizont Rauch. Das ist »Tichij«. Er nähert sich. Ich erkenne die Silhouette von Ernestas Vanagas. Er winkt.

Seit einem Monat schon wohnen wir nun in Bobrowsk. Hier gibt es eine kleine Holzhütte – einen Laden. Dort wohnt Mischa Butakow, der Verkäufer. Jetzt wohnt Kespaiko bei ihm. Eine winzige Jurte nebenan – das ist sein Büro. Zweihundert Meter dahinter – zwei weitere Jurten. Dort sind die Arbeiter untergebracht. In einer Jurte die Finnen, in einer anderen – wir, die Litauer. Das sind auch schon alle Gebäude von Bobrowsk. Wir arbeiten in zwei Schichten, jeweils 12 Stunden lang. Obwohl unsere Jurte winzig ist, passen wir trotzdem alle rein: Regina, Liuda (sie wird mit jedem Tag schöner, in ihren Augen kann man sehen, dass sie ihren Wert kennt und weiß, dass sie attraktiv ist), Dovydaitienė mit ihrer kleinen Tochter und Balčiuvienė mit ihren zwei Töchtern, der Kübelmacher Rimas Rimkevičius und Steponavičienė. Die Jurte oder eher Erdhütte ist viereckig. Die Wände bestehen aus senkrechten, ein wenig in die Erde eingebuddelten, geteilten Stämmen. Sie sind mit Erdbrocken isoliert. Durch die Ritzen rieselt Sand auf unsere Köpfe. Aber das ist nicht unangenehm. Der Regen wird durch die Decke aufgefangen, nur starker Regen sickert durch. Wir besitzen einen Tisch. Das ist eine große Freude, weil es vorher gar keinen Tisch gab. Wenn wir den Teig für die Eierkuchen anrühren oder uns Fisch braten wollen, haben wir einen Platz, an den wir unser Geschirr stellen können. Außerdem können wir am Tisch essen! In der Jurte gibt es zwei Fenster. Wir sind sehr zufrieden. Aber das Wichtigste ist – wir sind satt!!! Im Keller liegen etwa 300 Tonnen tiefgefrorener Fisch, der in diesem Winter gefangen wurde. Welche Dummköpfe haben den Keller in eine Pfütze gebaut! Jetzt steht der Keller unter Wasser, und wir müssen den gefrorenen Fisch mit einem Keil abtrennen und die Fischstücke nach oben werfen, damit sie auftauen. Es ist ekelhaft den Fisch auszunehmen. Es stinkt, manche Fische sind angegilbt und sehr kalt, andere sind so verfault, dass sie zwischen den Fingern zerfallen. Fischgräten ragen heraus, der Direktor hat angeordnet, alles zu pökeln. Wir pökeln also, es ist uns egal. Keinen interessiert, wer diesen Fisch essen kann. Auch wenn diese Fische in eine einigermaßen hochwertige Fischtonne gelangen, wird der Inhalt der ganzen Tonne schon bald verrotten. An dieser halbfertigen, gesalzenen Produktion kann man nicht vorbeigehen ohne die Nase zuzuhalten. Aber wir gewöhnen uns schnell daran. Wir lassen die Fische in der Salzlake ziehen, danach sortieren wir und schichten sie in die Tonnen. Sie werden dicht zusammengepresst. Dann werden die Tonnen von Kübelmachern versiegelt.

Viele Tonnen sind undicht – sogar die frisch aus der Werkstatt gelieferten lecken wie Kartoffelkörbe. Überall herrscht eine schreckliche, gleichgültige Nachlässigkeit. Eigentlich werden die Produktionsvorgänge von den Meistern überwacht, dann wird das Ergebnis von einer Kommission überprüft, später muss alles in Trofimowsk von der Leitung abgenommen werden und in Bobrowsk nochmal auf Qualität hin geprüft werden – und trotzdem ist der Inhalt der Tonnen der letzte Schrott.

»Widisch li«, sagt zu mir ein schlauer Jakute, die zweite Hand des Brigadiers Rimkevičius, »kashdy bjot na kolitschestwo, katschestwo ... katschestwo – veschtsch wtorostepennaja«*, er zwinkert und lacht.

Die Jakuten sind kluge Menschen, ich verstehe nicht, dass andere sie für unzivilisiert halten.

Schon nach dem ersten Einsalzen beginnen die Fische ein bisschen zu stinken und in den löchrigen Tonnen, ohne Salzlake,

---

* *Siehst du, jeder denkt nur an die Quantität, und die Qualität ... Qualität wird dann zweitrangig ...*

verrotten sie dann ganz. Im Keller lagern noch Hunderte Tonnen Fisch, außerdem kommt immer neuer Fisch hinzu und so verdirbt vor unseren Augen systematisch die gesamte Jahresproduktion. Die Leitung schaut dem Ganzen gelassen zu, ohne sich darüber aufzuregen. Am meisten kümmert sich Grunja um alles – sie hat einen Meister im Pökeln, nur im Winter hat sie vorübergehend als Verkäuferin gearbeitet. Grunja hat ein gutes Herz. Wenn wir die fetten Gedärme und die Leber einer Quappe nach Hause tragen, um daraus Lebertran herzustellen, tut sie so, als hätte sie nichts gemerkt, obwohl sie einen bestimmten Prozentsatz Fischtran abliefern muss. Einmal kam Mawrin herein, schaute in die halbleere Tonne mit Lebertran fragte: Wo ist der Lebertran? Grunja wirkte verlegen – sie kann überhaupt nicht lügen – sie wurde rot und hat leise gestammelt:

»Der Fisch ist irgendwie zu wenig fett …«

»Sie irren sich, der Fisch ist im Winter besonders fett«, zischte Mawrin durch die Zähne, während er mit seinem schwarzen Mundstück Zigarettenqualm ausstieß. Und wir haben tatsächlich genug Lebertran gehabt, wir haben ihn in großen Mengen getrunken. Einmal habe ich auf einen Schlag einen halben Liter ausgetrunken – und mein Bauch hat es gut vertragen. Jeden Tag haben wir in der Hose oder in den Ärmeln einen Fisch nach Hause getragen. Nur Marytė hatte Angst, Fisch zu stehlen. Deswegen machte die Mutter ihr ständig Vorwürfe. Balčiuvienė und ich – wir haben zweimal am Tag einen großen Sterlet herausgetragen – zur Mittagszeit und nach der Arbeit. Balčiuvienė tat so als müsse sie ans Ufer, um ihr Geschäft zu erledigen. Sie hatte unter ihrer blutigen, mit Gedärm befleckten Schürze einen Fisch versteckt und packte diesen dann unten am Ufer in ihr Hosenbein. Auch ich steckte mir kurz vor Arbeitsschluss meist einen Sterlet oder einen Omul so in den Ärmel meiner Wattejacke, dass das Maul meine Handfläche berührte.

Danach marschierten wir beide siegesgewiss zu unseren Jurten. Die Finninnen, die Litauerinnen, die Russinnen – alle Frauen schaffen es, 2–3 Fische herauszuschmuggeln. Oft gehen wir an den Aufsehern vorbei, sie mustern uns sehr misstrauisch, wir sind aber so schlecht und erbärmlich angezogen, die Wattejacken hängen an uns wie große Säcke, dass unsere Vorgesetzten nichts erkennen können.

Ein tiefgefrorener Fisch lässt sich leichter rausschmuggeln, seine Schuppen sind gefroren, während sie bei einem frischen Fisch glitschig und schleimig sind. Wenn ich den Fisch aus meinem Ärmel ziehe, ist mein ganzer Arm voller Schleim. Bis sie die Jurte erreicht beklagt sich Balčiuvienė jedes Mal – dass ihr der Allerwerteste abfriert. Es gibt viel zu lachen! Wir lachen aus vollem Halse, als wir uns später an die Details erinnern. Zuerst dachte ich, wir werden niemals satt werden. Einen riesigen, in Fett schwimmenden Fisch hat jede von uns im Handumdrehen verputzt. Es gibt hier keine Bäckerei. Die Rationen werden in Mehl ausgeteilt. Unsere Pfannkuchen, die wir in Fett anbraten, sehen aus wie Krapfen. Das sind unsere Flitterwochen. Jeder hat sich innerhalb kürzester Zeit verändert. Meine Tuberkulose verschwindet; früher haben mich andere manchmal geneckt und »die Schwindsüchtige« genannt. Meine Muskeln sind härter geworden, ich spüre, wie ich mit jedem Tag kräftiger werde. Meine Mutter ist wieder etwas rundlicher geworden, fröhlicher. Dovydaitienė, die ständig gebückt lief, hat sich aufgerichtet, ihre Wangen sind gerötet, ihre Augen leuchten. Wir waren wie Hermaphroditen, jetzt sehen die Frauen wieder wie Frauen aus, die Männer – wie Männer und nicht wie Vogelscheuchen.

Kespaiko kam nach der Arbeit häufig in unserer Jurte vorbei. Er ist Este und mag die Litauer. Am Anfang haben wir aufgepasst und wenn wir ihn von Weitem sahen, ließen wir unsere zischenden Pfannen rasch unter den Pritschen verschwinden.

Einmal kam er in unsere Jurte und fragte uns, wie es uns geht. Gut, antworteten wir.

»Wahrscheinlich nicht so gut. Ihr solltet euch besser ernähren, ihr seid geschwächt. Eure Hände sind rissig, ihr solltet sie einfetten.«

Dovydaitienė zog die Pfanne unter der Pritsche hervor und stellte sie auf den Ofen, das Fischfett schmolz in der Pfanne.

»Ich habe Fett.«

»Ihr braucht noch Fisch«, sagte Kespaiko.

»Wir haben kein Geld, um Fisch zu kaufen.«

»Der ganze Keller ist voll mit Fisch, nehmt den.«

Unsere Pfannen wanderten langsam wieder auf den Ofen und zischten fröhlich – sie verbreiteten den angenehmen Duft von gebratenem Sterlet.

Kespaiko lächelte. Das ist der Einzige, der unter unseren Lumpen Menschen in uns sieht, er behandelt uns nicht wie Tiere oder Sklaven. Er versteht alles, er schaut uns traurig an und schüttelt den Kopf:

»Wo schto was prewratili ...«*

Er hasst unsere idiotische Siedlungsleitung, er hat die systematische Vernichtung von Menschen im letzten Winter mit eigenen Augen gesehen und darunter gelitten, sie nicht aufhalten zu können.

»Etot Sventickis, bog Trofimowska, on izdewatejtcja nad wami, on choluj ot prirody, a takie ljudi, kogda imejut vlast – tirany. Potomu schto im zawidno, schto shyli by kogda-to inatsche.«**

---

* *Was haben sie aus euch gemacht ...*

** *Dieser Sventickis, der Gott von Trofimowsk, er verhöhnt euch, er ist der geborene Speichellecker. Wenn solche Menschen an die Macht kommen – sie werden zu Tyrannen. Weil sie euch darum beneiden, dass ihr früher anders gelebt habt.*

Kespaiko bittet uns jedesmal, etwas auf Litauisch zu singen. Besonders mag er das Lied »Schön bist du mein liebes Vaterland«. Er senkt den Kopf, damit wir seine Tränen nicht sehen, und bleibt dann lange lange sitzen, und wir singen die schönen traurigen Lieder von unserem fernen Heimatland. Bei dem einen oder anderen machen die Tränen die Wangen nass.

»Die Lieder erinnern mich stark an Estland«, sagt er und schaut aus dem Fenster in die unendliche Weite der Tundra. »Schon zwanzig Jahre hier. Wann sehe ich mein Land wieder?«

Kespaiko beugt seinen Kopf in dem niedrigen Eingang und verlässt schweigend unsere Jurte. Er entfernt sich, geht nicht nach Hause, sondern schreitet langsam in die Tiefe der Tundra als sei er ein Vertriebener.

Auch Vincė pökelt mit uns ein. Sie ist nicht umgekommen, wie wir dachten, obwohl ihr Gang nach Bobrowsk sehr anstrengend gewesen war.

Sie war so entkräftet gewesen, dass sie sich bereits ab der Hälfte des Weges nur noch auf allen Vieren hatte fortbewegen können, hatte ihre Beine vor Erschöpfung nicht mehr gespürt, erzählt sie. Sie war vollkommen erschöpft. Sie fiel hin und stand nicht mehr auf. Rundherum tobte ein nasser Schneesturm, obwohl es nicht mehr so eisig kalt war – es war schließlich schon der 16. Mai. Sie haben Vincė liegen gelassen. 50 Kilometer vor Bobrowsk. Zwölf Stunden lag sie auf dem Eis, der Sturm fegte über sie hinweg. Sie erzählt, dass sie von der Baracke geträumt hätte, dass wir ihr Tee angeboten hätten. Komisch, Erfrierende haben häufig ähnliche Halluzinationen – dass sie zum Beispiel einen heißen Kaffee trinken. Die Gruppe von Vincė erreichte Bobrowsk. Doktor Samodurow, der wegen eines Krankenbesuchs mitgekommen war, verlangte nach einem Hundeschlitten und fuhr dann zurück, um Vincė zu holen, obwohl er selbst unendlich erschöpft war.

Ein paar Stunden lang hat er sie an der Stelle gesucht, wo sie sie verlassen hatten, aber sie war nirgends zu sehen. Zuerst dachte er, sie sei aufgestanden und habe sich in der Tundra verirrt. Aber dann fand er sie unter einer Schneewehe. Doktor Samodurow hat ihr Alkohol eingeflößt und an den Beinen abgetastet – er war sich sicher, dass ihre Beine amputiert werden müssen. Die Beine waren aber nicht erfroren, nichts war abgefroren. Vincė kam im Hundeschlitten nach Bobrowsk. Das glückliche Ende dieser Geschichte hat uns alle überrascht – es wurde als Anekdote in unserer Fischverarbeitungsfabrik weitererzählt. »Heißes Weib«, wunderten sich die Russen. In Bobrowsk aß sich Vincė satt, sie wurde fülliger und hat geheiratet oder, wie man hier sagt, sie hat sich mit dem Kosaken Gorbunow zusammengetan. Er ist alt, nicht schön, etwas faul, auch nicht der Hellste, aber Vincė mag ihn. Jeder hat hier eine Meinung zu diesem Fall und möchte das gerne den anderen mitteilen. Žukienė ist überzeugt, dass Vincė sich für eine Brotkante verkauft hat, die anderen meinen, naja, man kann nichts anderes erwarten – von einem solchen »leichten« Mädchen (sie war ja illegal mit Daunoras verheiratet), die dritten sehen, wie Vincė mit uns schuftet, die Kleidung vom Salz angefressen, löchrig, die Hände wund und sie wundern sich und fragen ganz offen: »Vincė, wieso hast du denn geheiratet, wenn du trotzdem Tag und Nacht schuften musst?« Wieder andere schweigen voller Respekt vor dieser Frau und ihrer Entscheidung.

Digrevičienė bringt mich am meisten auf die Palme: Sie geht mit dem Jakuten Afonja fischen und lebt in einer kleinen Jurte 20 Kilometer hinter Bobrowsk mit ihm zusammen, sie betet bestimmt keinen Rosenkranz mit ihm, fühlt sich aber berechtigt, Vincė eine Predigt zu halten. Wenn Zigmas Steponavičius über sie lästert, zuckt sie nur mit den Schultern und mit einem frechen Lächeln in ihrer Lieblingspose – Hände in den Hosentaschen, Mütze seitlich auf dem Kopf, erwidert sie:

»Du, Zigmas, du warst doch nicht dabei, kannst du beweisen, dass ich mit ihm zusammen war?«

Nach diesem Schlagabtausch verstummten alle, obwohl alles ganz klar ist. Afonja lernt Litauisch, Digrė Jakutisch. Und Vincė? Vincė schweigt, sie kann nicht kontern, ihr Problem ist, dass sie offen und nicht heimlich mit einem Mann zusammenlebt. Einmal nach einer Beleidigung, die an sie adressiert war, hatte auch sie genug, sie warf den Fisch, den sie gerade gewaschen hatte, in die Tonne und mit bebender Stimme erwiderte sie:

»Was wollt ihr von mir, ihr Schlampen, ihr tut das heimlich und ich – offen, weil ich ihn liebe. Ich liebe ihn, er ist ein guter Mensch. Letztendlich ist es immer noch meine Entscheidung, ich gebe mich ab mit wem ich will. Ich muss euch nicht um Erlaubnis bitten.«

Danach verstummten alle. Vincė ist jung, sie ist ein Mensch, sie hat das Recht zu lieben, wen sie will. Sie ist nicht wie Saulevičienė und die anderen, die sich wirklich für Mehl verkauft haben, weil sie Angst vor Hunger, Angst vor Armut hatten. Ich kann mich erinnern, welch scharfe Antwort sie uns gab, als wir ihr prophezeiten, dass auch sie mal heiraten wird:

»Ich werde mich nicht für ein Kilo Mehl verkaufen.«

Sie hat schwer gehungert, an blutigem Durchfall gelitten, sie ist fast auf allen Vieren nach Bobrowsk gekrochen, und als sie wieder zu Kräften kam, körperlich wieder eine Frau wurde, ist es doch kein Wunder, dass sie sich verliebte. Wenn sie ihn einfach liebt, wenn er ihr guttut? Und außerdem, wir mischen uns sowieso viel zu viel in die Angelegenheiten anderer Menschen ein, obwohl wir kein Recht dazu haben.

Im Sommer gibt es in Bobrowsk beinahe keinen Fisch. Mit einem großen Netz zu fischen ist Energieverschwendung. Am besten ist es, wenn die Netze auf eine Länge von circa 25 Metern ausgelegt werden. Wir müssen sie jeden Tag überprüfen, finden aber nur Sterlets, obwohl auch die rar sind. Es kommt ein Dampfer aus Trofimowsk, die Vorgesetzten sind gekommen, unter ihnen der Vorsitzende der litauischen Kolchose Stankevičius. In Tumat gibt es Unmengen Fisch. Sie fangen mit jedem Mal 2 bis 2,5 Tonnen. Die litauischen Brigaden dieser Kolchose haben bereits Tonnen von Mehl und zentnerweise Zucker verdient. Fast alle Fischer werden jetzt nach Tumat umgesiedelt, solange es da genug Fisch gibt. Bei uns bleiben nur fünf Boote mit zwei Fischern pro Boot. Sie liefern uns jeden Tag 60 kg. Wir sind satt und verwöhnt, wir wollen jetzt frischen Fisch haben. Also stehlen wir frischen Fisch. Die einen stehlen ihn direkt von der Trage und verstecken ihn unmittelbar zwischen den Tonnen, die anderen klauen von den Tischen, wenn die Fische geputzt werden, die dritten stehlen erst, wenn der Fisch vollständig abgewaschen und ausgenommen ist. Es gibt welche, die den Fisch entwenden, wenn er zum Einsalzen kommt, andere ziehen ihn aus der Tonne, in der der Fisch schon fertig gesalzen liegt und bringen ihn zu sich nach Hause. Steponavičienė macht es noch besser. Sie nimmt einen Sack und geht nachts auf Beutejagd. Meist kehrt sie mit einem halbvollen Sack zurück. Zigmas, ihr Sohn, fängt den Fisch, gibt ihn bei einer Stelle ab, bekommt dafür Geld und Lebensmittelkarten, in der Nacht holt seine Mutter das alles wieder zurück, wäscht das Salz ab und räuchert die Fische dann in ihrer eigenen Räucherei. Sie bringt sowieso nach Hause was sie nur kann, alles, was nicht niet- und nagelfest ist – alte Pfannen, zerrissene Säcke, Seile, Nägel, wirklich alles. Wir haben gesehen, wie sie aus Seilen einfache Schuhe flocht. Daraufhin haben auch wir angefangen, Seile zu stehlen. Das Lagerhaus hat kein Schloss, also holen wir Seile und flechten Schuhe für uns. Immerhin ein zusätzliches Schuhwerk. Die Leitung hat entdeckt, dass die Seile aus dem Lagerhäuschen spurlos verschwunden sind, und dass alle Litauer, wie zu Zeiten der Leibeigenschaft, mit Seilschuhen durch den Dreck laufen. Sie fluchen, haben uns aber noch nicht auf frischer Tat ertappt, daher schweigen sie. Einmal brachte Justow mit Černeckaitė schöne Sterlets – unsere Augen leuchteten. Nach der Arbeit hat jeder einen Sterlet mitgenommen, auch ich habe einen in meinen Ärmel gesteckt. Meine Hand steckt in der Tasche meiner Wattejacke und ich halte das Fischmaul fest. Smelzow kommt mir entgegen. Ich spüre einen heißen Stich in meinem Herzen, es schlägt langsam und dumpf.

»Hallo, Dalia.«

»Guten Tag, Konstantin Pawlowitsch.«

Plötzlich verlier ich den Boden unter meinen Füßen: Durch meine Wattejacke schießt oben die große, fleischige Schwanzflosse von einem Stör und wedelt wie ein Fächer. Wie durch ein Wunder bemerkt Smelzow das nicht, weil ihn in dem Moment Sonja, unsere Buchhalterin ruft. Schnell wie der Wind renne ich zu unserer Jurte. Hinter der ersten Jurte werfe ich meine Beute ins Gebüsch. Der riesige, fette Stör ist ungefähr einen Meter lang. Er lebt noch, obwohl seine Innereien schon längst ausgenommen wurden. Die Störe zucken noch eine Weile, sogar wenn sie in Stücke zerteilt werden, das Herz kann nach dem Ausnehmen noch 5 Minuten lang schlagen. Ich habe Dovydaitienė eingeholt und wir sind beide sind vor Lachen umgefallen. Es ist ein herrlicher Anblick. Sie hatte sich einen lebendigen Stör in die Hosen gesteckt, dieser hat angefangen zu zappeln, und sie bewegte sich wie eine Ringelnatter, schlug nach vorn und nach hinten. Endlich haben wir unser Zuhause erreicht. Dovydaitienė war, als hätte sie die Hosen voll. An jenem Tag veranstalten wir eine große Feier bei uns. Die Sterlets verarbeiten wir zu Fischöl. Mein Stör wiegt 8 Kilo. Beim Braten können wir 2,5 Kilo Fischöl abgießen. Danach kochen wir im Öl Krapfen, trinken Kaffee mit Kondensmilch und essen Schokolade. Diese Waren bekommen wir auf Anordnung Butakows.

Sirutienė sagt, das Leben sei anders, wenn man satt ist. Wenn es in der Jurte kalt ist, wenn draußen ein Gewitter tobt und Regen auf unsere Köpfe tropft, wenn die nassen Zweige nicht brennen wollen, behauptet sie, wir werden niemals zurückkehren, und der Tod sei unsere sichere Zukunft. Brennt das Feuer im Ofen, und der Ofen ist rot vor Hitze, zischt Fisch in der Pfanne, sind unsere Bäuche voll, dann werden die Zukunftsvisionen von Sirutienė durchaus optimistischer: Wer weiß, sagt sie dann, vielleicht kommen wir doch zurück, wer weiß, vielleicht überleben wir das Ganze doch.

Der Polartag vergeht – die Sonne scheint Tag und Nacht, wir können Tage und Wochen nicht mehr auseinanderhalten.

Danach wird unser ruhiges Leben plötzlich mit einem Donnerschlag zerstört. Kespaiko war nach Trofimowsk verreist. In einer Nacht kam er dann mit Vera Chorinowa zurück. Am Morgen darauf bestellt er den Kübelmacher Rimkevičius zu sich und erteilt ihm den Auftrag zwei Tonnen herzustellen, die keinen Tropfen Wasser durchlassen. Er habe schon lange vor, auf eine Expedition zu gehen, mit dem Ziel, fischreiche Stellen im Umkreis von 30 km von Bobrowsk zu entdecken. Außerdem hätte er auch vor, auf die Jagd zu gehen. Den ganzen Tag hörten wir im Warenladen Schläge – es wurde Blei für die Bleikugeln zerkleinert. Ich habe etwas geahnt. Meine Intuition sagte mir, dass Kespaiko eine grandiose Flucht plant. Nach der Mittagspause war Liuda nicht mehr arbeiten gegangen. Sie suchte ihre Sachen zusammen und wollte uns verlassen. Dovydaitienė, Balčiuvienė und ich ruhten uns in der Jurte aus, weil wir Nachtschicht gehabt hatten. Wir fragten Liuda, wohin sie ginge.

»Ich werde die Frau von Erhard Modestowitsch Kespaiko.«

»Liuda, er hat schon eine Frau.«

»Das bedeutet nichts. Sie ist dort und ich bin hier.«

Holzjurte 1943 auf der Insel Anoschinsk,
errichtet von litauischen Verbannten.
Aufnahme von 1989

Liuda hatte ihre Sachen zusammengepackt und blieb eine Weile stehen, als traute sie sich nicht richtig, die Sachen herauszutragen und endgültig wegzugehen. Sie schaute Regina Stalauskaitė an, die ein allwissendes Lächeln aufgesetzt hatte. Dann redete meine Mutter sanft und ruhig auf Liuda ein:

»Liuda, denk gründlich darüber nach, bevor du etwas sehr Wichtiges tust. Vergiss nicht, du hast keine Mutter mehr, auch keinen Bruder, du musst selbst auf dich aufpassen und ich denke, entschuldige, dass ich meine Meinung zu deinen persönlichen Angelegenheiten äußere, ich meine, dass du einen Fehler machst. Kespaiko hat mit seiner Frau achtzehn Jahre zusammengelebt und sie sind nicht geschieden. Er wird zu seiner Frau zurückkehren, und du wirst Zielscheibe des Gespötts. Liuda, überleg es dir, im Namen deiner Mutter bitte ich dich, überleg es dir, bevor du dich für diesen Schritt entscheidest.«

Kurz darauf fügte meine Mutter hinzu:

»Tu es nicht, Liuda, tu es nicht.«

Die Augen von Liuda leuchteten in diesem Moment irgendwie anders, ihre Brust bebte, sie war sehr schön in diesem Augenblick, anmutig, schlank. Sie nahm schweigend ihre Sachen und verließ unsere Jurte ohne ein Wort. Als unsere Nachtschicht wieder begann, hatte die Hochzeitsfeier ihren Höhepunkt erreicht. Manchmal erschien Liuda in der Tür, weiß wie ein Laken. Sie musste sich mehrmals übergeben, es war schwer, das Ganze mitanzusehen. Zurück im Laden hat sie wahrscheinlich weitergetrunken, weil ihr immer wieder übel wurde. Manche beneideten sie um ihr Glück.

Gegen ein Uhr nachts waren alle Männer total betrunken. Nur die Litauer hatte Kespaiko nicht zu seiner Feier eingeladen.

Kurz vor der Pause, um zwei Uhr nachts, kam Kespaiko zu uns ans Ufer. Wir hatten dort Fische ausgenommen, die fürchterlich stanken und schon verfault waren. Wir standen bis zu den Knöcheln im Dreck, der aus Blut, Salz und mit Schuppen vermischter Erde bestand. Unsere Hände waren vom Salz angefressen; sie taten sehr weh.

Marytė und ich hatten die Ärmel unserer Wattejacken hochgekrempelt und aus einem großen Fass mit bloßen Händen Gedärm und Auswurf gefischt, diese in ein separates Fass gelegt, damit wir die Abfälle später direkt am Ufer würden auskippen können. Diese Arbeit war sehr ekelig, jedes Mal wurde uns übel, wenn wir mit unseren Händen in das Fass griffen. Wir schnappten nach Luft und erbrachen. Trotzdem ist diese Arbeit besser, als von Salz angefressene Hände in Salzlake zu stecken. Das ist eine echte Tortur. Wenn ich die Wahl hätte, würde ich lieber 50 Rutenhiebe über mich ergehen lassen, als meine Wunden zwölf Stunden in Salzwasser zu halten.

Kespaiko hat uns lange zugeschaut.

»Es tut mir leid um eure Jugend.«

Dann fügte er, als fiele ihm das plözlich ein, hinzu:

»Heute ist mein Geburtstag – ich bin achtunddreißig Jahre alt geworden. Das ist Schicksal!!! Habt ihr bald Pause?«

»Ja, gleich!«

Dann erst ging er weg. Mir ist das Gedärm aus den Händen gefallen. Ich habe alles begriffen. Gestern hatte ich im Laden Mehl gekauft. Wir dürfen ein Kilogramm kaufen.

»Habt ihr Mehl?« habe ich gefragt.

»Wie viel willst du?«

»So viel ich laut Norm darf ...«

»Du kannst nehmen so viel du möchtest«. Michail hat mir dann zehn Kilogramm abgewogen.

»Vielleicht willst du noch Schokolade?«

Ich habe Schokolade genommen. Kespaiko stand neben mir und bot an:

»Dalia, nimm Reis.«

»Aber ich habe keine Lebensmittelkarten mehr.«

»Es macht nichts, nimm dir einfach einen Sack.«

»Aber ich kann nicht so viel tragen.«

»Nimm einfach, ich werde dir beim Tragen helfen.«

Zum Glück habe ich der Gier widerstanden und dieses Angebot abgelehnt. Die Männer haben mir viel Schokolade gegeben und reichlich Milchpulver. Ich habe den Laden mit dem seltsamen Gefühl verlassen, dass da etwas Ungutes vor sich geht. Regina kehrte mit einem Haufen von Lebensmittelkarten und einem neuen Watteanzug zurück.

In dem Moment, als Kespaiko mich fragte, wann wir zum Essen gehen würden, wusste ich Bescheid. Als alle in die Pause gegangen waren, habe ich mich hinter den Fässern versteckt und die Ladentür beobachtet. Ich hatte mich nicht geirrt. Kespaiko und Michail sind bald darauf aus der Tür getreten. Sie hatten Gewehre geschultert und liefen in meine Richtung. Sie werden mich erschießen, wenn sie mich entdecken, dachte ich. Plötzlich hörte ich ein Geräusch hinter mir. Bisher hatte ich angenommen, ich sei alleine. Aber nein, hinter mir hockte Nina. Unsere Blicke trafen sich. Wir verstanden uns wortlos. Wir können alles sehen und dürfen nichts davon sehen (wir müssen uns beherrschen).

(...)

Sie gingen zu einem Zelt, in dem sich das Lebensmittellager befand. Kespaiko zog sein Messer und setzte an. Einen Augenblick lang zögerte er, als traute er sich nicht. Eine Minute später – und das Zelt war aufgerissen, die Waren lagen offen herum.

»Es gibt keinen Weg zurück«. Diese Worte, mit der vom Schmerz gezeichneten Stimme Kespaikos, wehte der Wind mir zu.

Ein Sack Mehl und Graupen nach dem anderen landete in einem Boot.

Vincė hatte mit zwei Leuten in ihrem winzigen Zelt gegessen. Ich sah, wie sie ihren Kopf rausstreckte und mitzählte. 12 Säcke

Mehl, 10 mit Graupen, 6 mit Zucker, 3 Fässer Butter, zwei Kisten Spiritus. Tabak, Streichhölzer, Äxte, Sägen, Nägel, Kleidung, Bettwäsche, Gewehre, Patronen.

Die Mittagspause war zur Ende. Ich verließ mein Versteck. Kespaiko lächelte:

»Soll ich dir helfen?«

»Ich werde es selbst schaffen.«

»Du kannst mit uns mitkommen.«

»Ich will nicht.«

»Deine Freundin Liuda kommt früher als du nach Litauen.«

(...)

Nach der Mittagspause kamen die Leute langsam wieder zurück. Kespaiko richtete sein Gewehr auf sie:

»Noch einen Schritt – und ...«

(...)

Ich hatte Angst, weil ich ihrem Gespräch gelauscht hatte.

»Wer kommt mit?«

(...)

Sachte schaukelten die drei voll beladenen Fischerboote. Aus dem Laden kamen alle vier Flüchtlinge mit neuen Watteanzügen, mit neuen Stiefeln. Schal und Schuhlappen hatten sie aus Wollkleidern gemacht, die sie zuvor zerrissen hatten. Sie waren angetrunken. Michail verbeugte sich vor allen:

»Milosti proschu, magazin otkryt, schto komu sabalgorasuditsja.«*

Im nächsten Augenblick entfernten sich die Segelboote vom Ufer.

»Dalia, bete für mich!« rief Liuda vom Boot aus.

Aus dem geöffneten Ladenfenster erreichten uns die Klänge eines Grammophons, ihr Lieblingswalzer »Ich liebe das Meer«

---

* *Bitte schön, der Laden ist geöffnet, nehmt euch, was ihr braucht.*

verabschiedete Liuda zu ihrer schrecklichen Hochzeitsreise. Es war drei Uhr nachts. Die Sonne schien. Die schwer beladene Karawane trudelte anfangs noch im Kreis, doch als später ein stärkerer Wind aufkam, die Wellen höher schlugen und Wind die Segel blähte, verschwanden diese mutigen Menschen, die nach Amerika fliehen wollten, langsam in der unendlichen Weite des Wassers.

Sofort wurde ein Boot nach Trofimowsk entsandt. Zigmas Steponavičius und Lazauskas steuerten, weil kein anderer den Weg so gut kennt wie sie. Es ist nicht schön, dass nun ausgerechnet die Litauer denunzieren, die von Kespaiko besonders geliebt und geachtet wurden. Saschka Iwanow ist ihnen noch hinterhergefahren, er traute unseren Leuten nicht und fürchtete, dass sie sich aus dem Staub machen würden. Er hatte Grunja offen gesagt: »Die Litauer wussten alles.« Aber er selbst hatte ja auch ein Gewehr, er hätte die Flüchtlinge erschießen können ... Michail wäre nicht geflohen, er ist aus Angst mitgekommen.

Das Boot hat abgelegt, Ladenfenster und Türen werden zugenagelt. Das Lebensmittelzelt wird zugenäht. Unruhe macht sich breit, wir warten auf die NKWD-Mitarbeiter, Siedlungsleitung und alle möglichen anderen Teufel. Wir sind verängstigt, weil viele zu Kespaikos Flucht beigetragen haben. Sogar Sonja, die Buchhalterin, wusste es – Kespaiko hatte es ihr selbst erzählt, weil er nicht wollte, dass sie später seinetwegen Unannehmlichkeiten haben würde. Er hatte zuvor Geld entwendet – ohne zu unterschreiben. Kurz vor seiner Flucht hat er das schriftlich festgehalten. Von den Fluchtplänen wussten Iwanow, Nina, die hinter mir zwischen den Tonnen gehockt hatte und auch andere. Nur die arme Grunja hatte nichts geahnt. Michail hatte sie auf die Fahrt eingeladen, sie dachte, das wäre eine Expedition und hatte abgelehnt:

»Ich kann nicht Mischa, ich habe noch nicht alle Fische in Salz eingelegt.«

»Welche Fische? Wo siehst du hier Fische? Sag lieber, du hast den Abfall noch nicht eingesalzen«, beendete Butakow das Gespräch.

Er flirtete heftig mit Grunja, und wahrscheinlich wollte er lieber sie mitnehmen als Vera Chorinowa, die eine Mestize war – Tochter eines Jakuten und einer Russin. Vera war wie alle Mischlinge schön, sie litt nur an der Schwindsucht. Oft sah ich Blut aus ihrem Mund fließen – wahrscheinlich sind ihre Tage schon gezählt. Und außerdem, wieso wollen die Männer überhaupt Mädchen mitnehmen, wenn sie schon so eine Aktion wie die Flucht über den Ozean nach Amerika planen.

Liuda war überzeugt, dass sie Amerika erreichen würde. Nachts hörte ich Regina flüstern: »Liuda, wenn du nach Marijampolė kommst, erzähl den Leuten, dass ich hier bin. Uns kennen dort alle.«

»Ja, klar, ich werde ihnen berichten«, versprach Liuda mit gedämpfter Stimme.

Regina hatte eine ganze Menge Lebensmittelkarten in ihre Kleidung eingenäht, für die sie später Dinge bekommen könnte und wartete unruhig auf den Dampfer aus Trofimowsk. Auch ich zitterte insgeheim und versuchte, nicht an diesen Tag zu denken. Aber meine Angst hat mich nicht daran gehindert, mit Rimas aus dem Lebensmittelzelt einige amerikanische Konservenbüchsen und das Ende einer trockenen Wurst zu stehlen.

»Der Dampfer hat angelegt. Jankowski mit der Miliz ...«, höre ich im Schlaf eine Stimme sagen.

Binnen einer Sekunde bin ich hellwach, mein Herz schlägt bis zum Hals, alle springen sofort von ihren Pritschen auf. Zwei Minuten später bin ich schon am Ufer. Aus dem Dampfer steigen die Vorgesetzten. Und was für welche! Die Leitung des

Fischereibetriebs und der Kooperative, die Parteibosse, Vertreter der Miliz. Auf dem Deck des Dampfers lehnen Gewehre. Der Motorist erzählt prustend, wie sie den ganzen Weg mit geladenen Gewehren und einem Fernrohr in der Hand Ausschau nach Kespaiko gehalten haben, weil sie dachten, dass er irgendwo lauert und auf dieses Rendezvous wartet. Jetzt kennen wir den Grund seiner Flucht. Als Kespaiko das letzte Mal in Trofimowsk war, wurde er verhaftet und verhört, weil die Buchhaltung des Kooperativs ein Loch von 30.000 Rubeln in den Abrechnungen entdeckt hatte. All seine Wertsachen wurden aufgelistet und konfisziert. Kespaiko wurde gegen eine Unterschrift entlassen. Auf dem Weg zurück nach Bobrowsk reifte in ihm wahrscheinlich der Plan von einer Flucht. Er wollte nicht ins Gefängnis und hat dann Michail und die Mädchen überredet, mit ihm zu fliehen. Als der Laden aufgemacht wird, ist der Anblick erschreckend. Die Kasse ist leer. Jetzt fehlen schon 50.000 Rubel, zudem wurden Waren im Wert von 150.000 Rubel gestohlen. Leere Alkoholflaschen liegen herum, manche davon sind mutwillig zerschlagen worden.

Auf den leeren Regalen steht feierlich ein einziger, übriggebliebener, halber Liter Spiritus und blickt traurig auf die jämmerliche Umgebung.

Die Kommission liquidiert schnell auch diesen Rest – auf Kespaikos Rechnung. Es wird erzählt, dass ein Brief gefunden wurde, in dem er die Gründe für seine Flucht erklärt, auch einen Brief an Vera Pawlowna hatte er geschrieben. Aber alle Schriftstücke gelangten in die Hände von Jankowski und keiner hat sie jemals wieder gesehen. Zigmas erzählt, dass Vera Pawlowna, als er ihr von der Flucht ihres Mannes berichtet hätte, ohnmächtig geworden sei. Als sie wieder zu sich kam waren ihre ersten Worte: »Armer Erhard.« Obwohl er mit einer anderen, mit einer Litauerin abgehauen war.

Vera erzählt, dass sie, bevor er das letzte Mal nach Bobrowsk abgefahren sei, beim Abschiednehmen lange am Ufer gestanden hätten. Kespaiko hatte sie geküsst, als wollte er für immer abreisen. Er stieg ins Boot hinein, dann stieg er wieder aus, er küsste ihre Hand und sagte: »Vera Pawlowna, wir haben achtzehn Jahre zusammengelebt ... Verzeih mir ... Verzeih mir ...«

Sie hatte dort gestanden und nichts verstanden. Sie hat nur eine böse Vorahnung gehabt, die seitdem in ihrem Unterbewusstsein herumirrte. Diese war schnell wieder verflogen.

Sie wird sofort entlassen. All diejenigen, die ihr gestern noch nett zugelächelt haben, ihr nach dem Mund redeten, um sie rumgeschänzelt sind und vor ihr buckelten, sind auf einmal unterkühlt, sehen sie nicht mehr oder werden sogar feindselig. Auch für diejenigen, die sie früher zusammen mit Kespaiko mit Brot vor dem Hungertod gerettet hat, existiert sie nicht mehr.

Die Ankömmlinge schnappen sich zuerst die fünzehnjährige Tochter von Kespaikos Schwester. Während des fünfstündigen Verhörs wiederholt sie nur: »Ich weiß von nichts, ich wusste von nichts, ich habe nichts von ihm bekommen.«

Sie war allerdings die Einzige, die wusste, dass sie die 30.000 Rubel bekommen hatte und sie wusste auch als Einzige, wo genau diese versteckt waren.

Meine Angst erweist sich als völlig unbegründet – ich werde nicht zu einem Gespräch vorgeladen. Langsam ist alles wieder beim Alten. Der Laden wird wieder geöffnet. Die Vorgesetzten reisen ab.

Die Tage werden wieder monoton, dazu kommen noch die Regengüsse. Jeden Tag kommen wir nach der zwölfstündigen Arbeitsschicht zurück und werden gründlich vom Regen gewaschen. Unsere Kleidung ist weiß, sie ist durch das Salz hart wie ein Panzer und stinkt nach Fisch. Abends erstickt man fast in der Jurte: Der Geruch von verrottetem Fisch verdunstet aus den zum Trocknen ausgelegten Wattejacken. Sie sind glitschig vom Blut, dem Salz, den Gedärmen.

Der Gestank einer Jauchegrube ist leichter zu ertragen. Wenn wir abends unsere stinkende Arbeitskleidung trocknen – Jacken, Hemden, Fußlappen, müssen wir oft würgen und sind kurz vorm Erbrechen. In unserer Jurte schwimmen wir fast, der starke Regen kommt durch, wir liegen praktisch im Wasser. Aber keiner von uns ist krank – keine Angina, keine Grippe. Meine chronische Angina ist spurlos verschwunden.

Unser Arbeitsbereich ist faktisch ohne Aufsicht. Grunja kann ja nicht Tag und Nacht alles überwachen. Wir stehlen was das Zeug hält.

Die zwei Tonnen, in die wir seit Anfang des Sommers den gesalzenen Fisch einlegen, können nicht gefüllt werden. Laut der Registrierungsblätter vom Kontrollpunkt haben unsere Fischer fast 5 Tonnen Fisch geliefert. Wenn es an einem Tag keinen frischen Fisch gibt, nehmen wir die gesalzenen Fische von gestern mit. Zu Hause entwässern wir sie und essen sie auf. Grunja steht jeden Tag da und überwacht alles, sobald wir unseren Arbeitsort verlassen. Sie wälzt riesige Steine auf die Tonnen, aber wir warten einen günstigen Moment ab, nehmen die Steine herunter – und die Fische werden weniger und weniger. Manchmal erschrecke ich selbst über uns, über unsere große Leidenschaft fürs Klauen. Das Stehlen ist unser täglich Brot geworden. Nicht weit von uns entfernt stand eine weitere verlassene Jurte. Die Vorgesetzten hatten uns nett gebeten, später auch unter Androhung von Strafe, dass wir diese Jurte nicht anfassen sollten. Nach fünf Tagen ist keine Spur mehr davon zu sehen – sie ist komplett in unseren Öfen verbrannt, von der großen Jurte ist nur noch ein Haufen Asche übrig geblieben.

Wir alle sind mit Messern, Äxten, Spaten, Sägen »ausgestattet«, unsere Salzvorräte und Lebertranvorräte reichen für ein

Jahr. Die Konservenbüchsen haben wir mit Petroleum für die Polarnacht gefüllt.

In der ersten Jurte hausen Worobjowa und Judina – zwei Landstreicherinnen.

Zwei Gestalten, deren Geschlecht und Alter undefinierbar bleiben. Sie sind aber nicht auf den Kopf gefallen. Die Basiaki von Gorki wären im Vergleich zu diesen Frauen englische Lords. Die Füße von Worobjowa stecken in riesigen Soldatenstiefeln ohne Sohle, mit einem zerrissenen Stiefelschaft. Die Fußlappen schleifen beim Gehen einen halben Meter durch den Dreck hinterher. Die Watteanzüge tragen sie auf der nackten Haut. Die Watte fällt in Stücken heraus, durch die Löcher kann man den schmutzigen Körper sehen. Auf dem Kopf hat die 23-jährige (dieses Alter weisen ihre Dokumente aus) eine Mütze, deren Ohrenlappen bis zu den Knien reichen. Wenn sie geht, flattern sie hinter ihr wie Flügel. Welche Farbe und welches Material das ist, kann man nicht erkennen. Sie legt sich zum Schlafen auf blanke Bretter, monatelang zieht sie sich nicht um – weder Kleider noch Schuhe. Arbeiten geht sie nur, wenn sie Lust dazu hat und ausgeschlafen ist. So gegen zehn Uhr. Wenn unsere Arme vom schweren Tragen beim Arbeiten einschlafen und anfangen zu schmerzen, dann taucht am Horizont die Figur von Worobjowa auf. Langsamer Gang, Hände in den Taschen. Sie nähert sich uns, unser lautes Lachen und höhnischen Bemerkungen stören sie nicht im Geringsten.

»Lidia Wasiljewna, kak wyspalis, kak wasche samotschustwie?*« erkundigt sich jemand, während er sie ironisch mit Vornamen und dem Namen des Vaters anspricht.

Alle schweigen und erwarten etwas Unterhaltsames. Lida steht da und nimmt ihre Hände nicht aus den Taschen. Sie

---

* *Lidia Wasiljewna, ausgeschlafen? Wie geht es Ihnen?*

bewegt sich keinen Zentimeter. Mit dem vornehmen Blick einer Gräfin mustert sie eine Weile den Fragenden, als wäge sie ab, ob er einer Antwort würdig sei oder nicht. Dann antwortet sie, ohne das »ch« richtig auszusprechen, betont langsam, wie eine Adelige, die ihre gewichtigen Worte nochmal überdenkt:

»Nitschego, choroscho.«*

Alle krümmen sich vor Lachen. Worobjowa verliert nicht die Fassung, nicht mal ein Zucken im Gesicht. Alle sehen, dass sie ernst bleibt und lachen umso mehr. Aber Worobjowa – keine Reaktion, sie zuckt nicht mal mit der Wimper. Wir brechen in schallendes Gelächter aus. Würde auch sie lachen, wäre alles nicht so lustig, aber ihre stoische Ruhe bringt uns aus der Fassung. Wir können uns nicht beherrschen. Ich weiß nicht, ob es eine größere Phlegmatikerin als Lida gibt. Sie reagiert auf gar nichts. Kespaiko wollte sie zur Arbeit zwingen und hat ihr die Brotkarte abgenommen. Sie wurde trotzdem nicht fleißiger, hat sich von rohem Fisch ernährt, den zu kochen sie zu faul war. Und wenn sie Durchfall hatte, saß sie stundenlang mit ihrem nackten Po in Richtung Kespaikos Fenster.

Durch Blockaden dieser Art gewann die unerschütterliche Lidia Wasiljewna Worobjowa immer. Kespaiko hat irgendwann aufgegeben und ihr die Lebensmittelkarten zurückgegeben. Ein Mensch wie sie hat vor nichts Angst. Danach musste sich die Leitung eingestehen, dass sie kein Druckmittel gegen sie hatte. Fisch hat Worobjowa offen gestohlen, auch wenn der Direktor selbst neben ihr stand. Sie schaute lange in das Fass und suchte dann den besten Fisch heraus, als sei das ihr Eigentum. Nachdem sie ihn ausgewählt hatte, brachte sie ihn, an den Kiemen haltend, gemächlich zu sich nach Hause.

---

* *Geht so.*

»Stiehlst du?« wurde sie einmal von Kespaiko gefragt, der hoffte, sie durch seinen strengen Ton beeindrucken zu können.

Worobjowa blieb stehen, hat ihn lange auf ihre gewohnte Art gemustert und ruhig geantwortet:

»Ich leihe es mir aus«. Und ging weiter, um das Abendessen vorzubereiten.

Sie hat keine Angst vor dem Gefängnis, ihre Grundbedürfnisse könnte sie auch im Gefängnis gut befriedigen. Die Leitung konnte nicht mehr mit ansehen, wie sie fast halbnackt herumlief, und hat staatliche Mittel bewilligt, um ihre Nacktheit zu bedecken. Worobjowa hätte selbst niemals etwas gekauft, weil sie kein Geld hat und sie das auch nicht interessiert. Ich lache sie nicht aus, deswegen unterhält sie sich manchmal mit mir. Ich weiß über sie nur, dass sie mal Krankenschwester war. Sie wurde für den Norden angeworben – als Freiwillige. Jemand, der in der ersten Gruppe mit ihr gewesen war, erzählte, dass sie damals schön gekleidet war, eine Uhr besaß und Wechselwäsche dabei hatte, dass sie von ihrer Mutter begleitet wurde, die geweint habe, als sie Abschied nehmen mussten. Während der langen Reise nach Norden hat Worobjew alles für einen Appel und ein Ei verkauft, viele haben einfach ihre Sachen genommen – ausgeliehen und nie wieder zurückgegeben. Aber ich frage mich trotzdem, wie man sich so sehr vernachlässigen und auf das Niveau eines Steinzeitmenschen sinken kann?

Mir tat es weh zu sehen, wie Kespaiko oft über sie herfiel – sie war trotz allem empfindsam. Sie ist ja auch ein Mensch, auch sie hat eine Mutter, die vielleicht alles in der Welt dafür geben würde, ihre Tochter wiederzusehen. Es wäre für sie bestimmt sehr schmerzhaft, dass die anderen ihre Tochter auslachen. Worobjowa hat Kespaiko gehasst. Als er seine Flucht vorbereitete, schaute sie phlegmatisch zu, wie er sein Boot belud – wie

Berg von Stolby (40 km von Trofimowsk entfernt). Aufnahme von 1989

immer in ihrer Lieblingspose – Hände in den Hosentaschen. Und dann hörte man in der Stille ihre Stimme:

»Modestowitsch, prowaliwaj na ...«*

Dieser eine Satz war ihre Rache für den ganzen Hohn. Ich mochte an Worobjowa, dass sie Charakter hatte, dass sie um ihre menschliche Würde wusste. Vielleicht hat sie intuitiv gespürt, dass ich so dachte, und deshalb mied sie mich nicht und zeigte sogar eine gewisse Verbundenheit. Ich habe ihr oft Mehl geschenkt. Einmal saßen wir nur zu zweit da. Wir hatten Mittagspause. Grunja hatte unsere Fischproduktion abgenommen. Alle stehlen, klauen, nehmen mit, was sie nur können. Ich habe Lebertran mitgenommen und wollte schnell nach Hause gehen. Aber ich blieb stehen, weil mich das, was ich sah, umhaute. Lida zog ein Messer heraus, das sie benutzt hatte, um Fische auszunehmen (dieses Messer war auch geklaut) und mit einer majestätischen Bewegung schnitt sie fast eine ganze Seite aus dem Zelt.

»Ich brauche neue Fußlappen«, erklärte sie mir knapp, während ein großes Stück Zelt in ihrer Hose verschwand.

Wir sind so schnell nach Hause gerannt, dass wir bestimmt einen Rekord im 500 Meterlauf erreicht haben. Außerdem bekam ich einen solchen Lachanfall, dass mir fast alles aus den Händen fiel. Weit, ach, sehr weit ist es bis zum Sozialismus. Nach der Mittagspause nahm die Tragödie ihren Lauf. Grunja, Nina, die offiziell Wächterin ist, aber deren Arbeit in Wahrheit darin besteht, das Gehalt abzuholen, Sonja, die Buchhalterin, und die Arbeiter kamen alle zusammen. Alle waren ärgerlich und verwundert und überlegten laut, wer es wohl gewesen sein könnte. Nur Worobjowa stand gelassen da und aus ihren unerreichbaren Höhen blickte sie auf die Menschen, die sich wegen einer solchen Kleinigkeit so fürchterlich aufregen konnten, herab. Das

---

* *Modestowitsch, zum Teufel mit dir ...*

Zelt war wirklich völlig zerstört. Zwei amerikanische Säcke waren herausgeschnitten, aus denen das Zelt vorher zusammengenäht war. Die Reparatur hätte zwanzigmal mehr gekostet, als ein neues Zelt. Ich habe das Lida gesagt. Sie hat mich angeschaut, als hätte mein Hirn aufgehört zu arbeiten und sagte trocken:

»U gosudarstwa karman schirokij, ne bespokojsja.«*

Später konnte ich mich selbst davon überzeugen: Fast alle sowjetischen Bürger haben so ein Wesen, unterschiedlich ist lediglich die Art des Stehlens. Aber sonst stehlen alle, wer und wo auch immer und sobald man nur Zugang hat.

Die zweite Person ist Julia Iwanowna Judina. Sie ist aus Versehen mit den Finnen zu Zeiten der Evakuierung Leningrads hierher gelangt. Es ist schwer festzustellen, wie alt sie wirklich ist, sie selbst sagt, sie sei 23. Julia ist gesprächig. Ein unglaublicher Langfinger, nur klaut sie meist heimlich. Beide Frauen haben Charakter, sie stehlen nur Staatseigentum, von uns haben sie nie etwas genommen. Die Finnen erzählten mir, dass der Vater von Julia in Leningrad Schiffskapitän war. Sie ist schlagfertig. Einmal habe ich sie gefragt, warum hier alle so viel stehlen. Sie antwortete:

»Das Stehlen ist bei uns Ehrensache und der Mut wird unter Beweis gestellt. Außerdem, ist es notwendig, wenn du nicht krepieren willst.«

Ist sie im Unrecht? Die äußere Erscheinung von Julia ist anders als die von Lida. Sie trägt einen Watteanzug und es ist schwer, diesen als solchen zu bezeichnen. Über den unteren Teil dieses Anzugs rede ich lieber nicht. Als Direktor Mawrin sie nackt sah, hat er angeordnet, dass Julia drei Meter Stoff bekommen soll. Sie hat den Stoff bekommen, aber sich nichts daraus

---

* *Du kannst beruhigt sein, die Hosentasche des Staates ist groß.*

genäht. Sie hat alles zusammengefaltet und um den unteren Teil ihres Körpers gewickelt, die Enden oben zusammengeknotet und ist so herumgelaufen. Wenn sie schnell läuft, hinkt sie mit einem Fuß, der ihr im Winter abgefroren ist, der Stoff öffnet sich dann seitlich und flattert wie eine Fahne. In der Nacht wickelt sie den Stoff ab und deckt sich damit zu. Julia wäre sehr schön, wenn sie sich besser pflegen würde. Sie hat schwarze große Augen, schwarzes Haar, eine schöne Figur, sie zieht sogar jetzt alle Blicke auf sich.

Ein Jakute, der von der Jagd zurückkam, hat uns erzählt, dass er auf einer Insel der Lena, nicht weit vom Laptewsee entfernt, ein Butterfass gefunden hat und darunter ein Kärtchen, auf dem stand, dass hier am 8. August um 15 Uhr E. M. Kespaiko vorbeigefahren ist.

Ich besuche eine Jurte der Jakuten. Dort wohnen circa vierzig Menschen. Es ist sehr nass dort. Sie sind an Tuberkulose erkrankt – 98 Prozent des ganzen Volkes, haben Ärzte festgestellt. Eines finde ich merkwürdig: Jakutsk liegt in einer trockenen, kontinentalen klimatischen Zone, und die Schwindsüchtigen sterben dort in Massen, hier gibt es Feuchtigkeit, Kälte, Regen, ewigen Frost. Die Jurten stehen winters wie sommers auf der vereisten Tundra – hier herrscht ein richtiges Meeresklima, das die Schwindsüchtigen besser vertragen. Viele Jakuten arbeiten beim Fischpökeln, um nicht zu hungern. Der Fischfang läuft im Moment nicht gut und es können nicht alle auf die Jagd gehen. Sie spucken überall ihren blutigen Schleim aus, der landet natürlich auch auf den Fischen, aber keiner schert sich darum. Wir werden sie ja nicht essen! Die Jakuten wurden von den hiesigen, russischen Popen irgendwann getauft. Sie haben alle ähnliche Nachnamen, die sie von ihren Popen bekommen haben – Belousow, Kirilow, Achasow, Sidorow, Olenikow,

Pawlow. Aber der orthodoxe Glaube ist trotzdem nicht ihrer geworden, sie glauben weiterhin an ihre Götter, böse Geister, und an manchen Orten gibt es noch die Schamanen – die spirituellen Zauberer. Alle rauchen Pfeifen – die Männer, die Frauen, die Alten und die Kinder. Kleinkinder knöpfen ihren Müttern die Pfeifen ab und nehmen selbst einen ordentlichen Zug. Viele Kinder haben Rachitis. Daher sind ihre Beine auch so krumm. Die Männer sind meist klein, mit eingefallener Brust, das Haar ist struppig und kohlrabenschwarz. Der Bart wächst bei den Männern oft nicht. Der einzige, Gogolew, trägt irgendeine Art von Vegetation: Von seinem Kinn stehen graue Haare ab, kratzbürstig wie bei einem Ziegenbock. Die Sterblichkeit ist bei den Jakuten sehr hoch, besonders unter den Kindern. Ein Trachom ist weit verbreitet. Mit roten, tränenden Augen arbeiten die Jakuten in der Fischverarbeitung und verbreiten ihre Tuberkulose- und Trachomkeime. Viele von uns haben sich sogar an ihrer Krätze angesteckt. Sie benutzen immer die gleichen Messer, wenn sie Fische ausnehmen, sie benutzen auch immer die gleichen Tragen, sei es für die nicht gewaschenen, für die gewaschenen oder für die gesalzenen Fische. Wenn du in eine Erdhütte von Jakuten kommst, die tief unter der Erde vergraben ist, denkst du, dass du irgendwo in Shanghai gelandet bist. In der Mitte brennt ein Feuer, der Qualm ist überall. Sie trinken starken Tee, rauchen Opium, das sie, ich weiß nicht woher, nehmen und spielen Karten um Geld. Auf der Erde krabbeln nackte Kinder mit großen Bäuchen und krummen Beinen. Die Jakuten lieben Kinder und außerdem sind sie sehr solidarisch. Wenn ein Jakute eine leitende Position bekommt, wird er sofort seinen eigenen Leuten Arbeit verschaffen. So ein aussterbendes Volk muss zusammenhalten und sich gegenseitig helfen. Außerdem sind sie sehr leidenschaftlich, wenn sie etwas getrunken haben und in Streit geraten, kommt es schnell zu einer Messerstecherei.

Die Jakuten hassen die Russen, hegen auch wenig Sympathie für die Litauer aber sie wissen, dass wir nicht freiwillig hier sind, deswegen dulden sie uns. Die Jakuten in Bobrowsk sind meist Zugezogene aus Jakutsk, sie haben schon ein bisschen von der Welt gesehen. Sie nennen alle Weißen »nentscha« – das heißt Eule. Weil unsere Augen groß sind und sie das sehr hässlich finden. Sich selbst finden sie schön und jemand, dessen Augen fast nicht da, sondern nur kleine schräge Schlitze sind, ist für sie eine wahre Schönheit. Wenn eine Jakutin böse wird und uns beleidigen möchte, dann schaut sie uns angewidert an, beschreibt mit ihren Fingern große Kreise in der Luft und sagt: »Kusichan karaulan.«* Wir lachen nur.

Ein Dampfer hat angelegt. Ein neuer Direktor kommt nach Bobrowsk – der Jakute Makarow; er beschwert sich über alle, sich selbst lobt er – ein hundertprozentiger Asiate. Er ordnet an, dass alle von der Fischverarbeitung nach Tumat fahren sollen. Meine Mutter ist krank, wir müssten mit offenen Fischerbooten fahren, außerdem ist es stürmisch. Ich gehe zu Makarow und bitte ihn, dass wir hier bleiben können. Er hört mich an und fragt dann, während er mich anblickt, als sei ich eine Vaterlandsverräterin:

»Denken Sie an die Front! Müssen wir nicht arbeiten? Wovon reden Sie? Welche Mutter? Sie werden selbst bald Mutter sein!«

Ich sehe ihn mir an und erkenne sofort – das ist ein Psychopath. Ich kehre in meine Jurte zurück und bleibe einfach da. Im Getümmel der Abreisenden merkt Makarow das gar nicht – er schreit, beschimpft alle, droht allen mit einem Prozess. Ich beobachte von Weitem, wie alle in die Fischerboote einsteigen. Zum Schluss, ganz ohne Eile, als sei es ein Staatsakt, steigen Worobjowa und Judina ein. Der Kapitän des Dampfers und andere Männer empfangen sie mit Gelächter:

---

* *Hässliche, große Augen.* (*im Original Jakutisch*)

»Ej, Worobjowa, tschemodan pogrusila? Ej, gde twoj bagash?«*
Und sie steht da wie ein Neugeborenes – kein Topf, kein Löffel, keine Mütze – nichts dabei, nur der Körper ist bekleidet. All ihr Gepäck trägt sie am Körper.

In der Jurte blieben die Familien Sirutis (Marytė, in meinem Alter, und ihre Mutter), Balčiuvienė, Dovydaitienė mit den Kindern und noch Steponavičienė zurück. Es wird nicht mehr gepökelt. Die Kommission hat festgestellt, dass der Fisch unbrauchbar ist und wir mussten die ganze eingesalzene Produktion in den Fluss werfen. 500 Tonnen. Unser Frieren, unsere blutigen, wunden, vom Salz angefressenen Hände, die schwere Arbeit – alles war umsonst, ganz zu schweigen von den staatlichen Ausgaben. Durch ganz Bobrowsk zieht vom Ufer her ein fürchterlicher Gestank, sogar die zu Tode ausgehungerten Hunde meiden das Gebiet und kommen nicht näher als einen Kilometer.

Mawrin hat die ganze Schuld für den verrotteten Fisch Kespaiko zugeschrieben und alles, was in Bobrowsk noch übriggeblieben ist, Makarow anvertraut. Das ist natürlich total ungerecht, aber Kespaiko kann das ja egal sein. Zehn oder elf Anschuldigungen – welchen Unterschied macht das schon.

Wir sammeln jetzt Holz auf der Nachbarinsel. Jeden Tag werden wir mit den Booten über den Fluss zu einer Insel gebracht. Wir laufen etwa drei Kilometer am Ufer entlang und finden viel Treibholz – größere Stämme und kleinere Hölzer. Wir sollen alles aufstapeln, damit andere es im Winter mit Schlitten abholen können – um den Laden und das Kontor zu heizen. Wir arbeiten zu acht: Vier Litauerinnen und vier Finninnen. Die

---

* *He, Worobjowa, hast du deinen Koffer mit? He, wo ist dein Gepäck?*

Finninnen arbeiten ohne Pausen und sehr redlich, sie bemühen sich darum, dass ihre Stapel ordentlich sind und nicht hohl im Innern. Ich arbeitete in ihrer Brigade und war daher gezwungen auch so zu schuften. Als wir abends zurück nach Bobrowsk kamen, konnten Marytė und ich uns kaum noch auf den Beinen halten. Vom Heben der schweren Stämme tat uns alles weh, Marytė hatte starke, stechende Schmerzen im Unterleib. Schon im letztem Jahr erlitt sie durch das Heben der Säcke einen Bruch. Wir waren noch zu jung für solch schwere Arbeit. Wir wollten nicht mal etwas essen, uns war übel, wir warfen uns erschöpft auf unsere Pritschen. Ich überlegte, was ich tun könnte. Das Leben, die schwere Arbeit zwangen mich dazu.

Am nächsten Tag schlug ich Marytė vor, von den Finninnen getrennt zu arbeiten.

»Gut, arbeiten wir so«. Marytė war einverstanden.

Die Finninnen entfernten sich von uns und schufteten wie Traktoren.

»Marytė, ich möchte, dass du jetzt auf mich hörst. Ich bin die Brigadierin, ich liefere unsere Arbeit ab, ich werde also entscheiden, wann wir zu arbeiten haben und wann wir ausruhen. Wenn du mit mir arbeiten willst, lass mich bestimmen.«

Marytė war wieder einverstanden. Ich erklärte ihr, dass es keinen Sinn habe, übermäßig viel zu arbeiten, dass sie sich davon nichts kaufen könne, höchstens ihre Gesundheit ruiniere, dass es keinen Sinn habe, ehrlich zu arbeiten, dass wir unsere Jugend und Gesundheit nicht dem Staat schenken sollten, weil wir sie auch selbst gut gebrauchen können, dass der Staat schon genug genommen hätte – unsere Heimat, unsere Eltern, unser Zuhause, sie haben uns unsere Jugend gestohlen, uns zu Sklaven gemacht und unser Leben ruiniert. Na, und wenn wir schon Zwangsarbeit verrichten müssen, dann besser mit dem Kopf, und nicht mit den Händen. Marytė schaute mich mit weit aufgerissenen Augen an, meine Ansichten trafen sie wahrscheinlich völlig unerwartet und waren ihr zu modern, kurz kamen ihr sogar die Tränen.

Danach haben wir angefangen zu arbeiten. Binnen kürzester Zeit bauten wir einen zwei Kubikmeter großen Stapel – in der Mitte war ein riesiger Hohlraum, drei Menschen hätten da hineingepasst. Ich hoffte, dass das nicht alles einstürzen würde, bis wir zurückgekehrt wären. Wir hatten keine Schmerzen im Unterleib, nichts. Danach haben wir uns zwei Stunden lang ausgeruht. Ich erzählte Marytė vom Theater, der Oper, wir haben Opernarien gesungen und viel geweint, während wir über das Theater und das litauische Gymnasium sprachen. Danach haben wir eine Weile auf den Stämmen geschlafen. Gegen Abend haben wir einen weiteren, vier Kubikmeter großen Holzstapel gebaut. Grunja kam, um die Arbeit abzunehmen. Ich habe Marytė gesagt, sie müsse ganz ruhig bleiben. Ich habe zuerst unsere zusammengebauten, im Innern hohle Stapel abgegeben – Grunja bemerkte nichts – dann habe ich ihr den sechs Kubikmeter großen Stapel gezeigt, den die Finninnen gestern abgegeben hatten. Grunja konnte sich nicht mehr daran erinnern, sie ist zerstreut und singt nächtelang Romanzen zusammen mit den Funkern. Sie hat uns auch diesen Stapel abgenommen. Grunja hat selbst nachgemessen, weil sie mir nicht vertraute. Und ich, ich wollte ihr meine peinlich genaue Ehrlichkeit beweisen und wiederholte unentwegt:

»Nein, Grunja, Sie haben uns drei Zentimeter zu viel berechnet. Ich bin nicht einverstanden, ich möchte nur so viel bekommen, wie mir tatsächlich zusteht.«

Grunja war gerührt von meiner absoluten Ehrlichkeit und hat mich gebeten, die Kubikmeter auszurechnen, weil sie es selbst nicht konnte. Ich habe alles zusammengerechnet, und das Ergebnis noch ein bisschen geschönt.

»Ihr seid wahrscheinlich müde, Mädchen, ihr habt viel geschafft ...«

Marytė hat nur mit ihren wunderschönen, langen Wimpern geklimpert und gemurmelt:

»Es ist hart, Grunja, das können Sie wohl glauben, die Baumstämme sind groß.«

An dem Tag kamen wir nach Hause und waren kein bisschen müde. Wir waren satt, saßen noch lange auf der Türschwelle und haben mein Lieblingslied gesungen:

Wir schreiten voran mit einem Lied,
Die Jugend begleitet uns,
In der Weite rufen die Felder,
Die Jugend ruft zurück.
Sing, unsere fröhliche Jugend,
Sing, sing, sing, sing.
Das Leben vergeht und kommt nicht zurück,
Du weißt es und vergiss es nicht.

Am nächsten Tag wollte Marytė unter keinen Umständen getrennt von mir arbeiten. So haben wir also die ganze Zeit zusammengearbeitet, wir haben die Stapel vom Vortag abgegeben und die naive Grunja belogen. Besser gesagt nicht sie, sondern den Staat. Diese Stapel werden bald mit Schnee bedeckt sein, das Holz wird sowieso bald von allen weggetragen werden, die nicht zu faul dazu sind – also wird es sowieso keiner so genau mitkriegen, wie viel Holz zu Beginn da war. Das war das erste Mal in der Zeit der Verbannung, dass wir uns fühlten, als seien wir in den Ferien. Wir haben wenig gearbeitet und keinen Hunger verspürt. Marytė sieht besser aus, sie hat ein bisschen zugenommen, ist lebendiger. Ein schönes Mädchen. Groß gewachsen. Sie sieht aus wie eine Achtzehnjährige, obwohl sie erst fünfzehn ist. Zigmas schmilzt dahin, wenn er sie sieht. Die letzten Polartage des Sommers neigen sich dem Ende zu. Es gibt schöne Tage. Zweimal konnten wir sogar ohne Wattejacken gehen, die Gewässer rundherum lagen ruhig da wie ein Spiegel, sie verströmten sogar eine eigenartige Wärme. Aber schon bald heult wieder der Meereswind, das Wasser wird schwarz und die Wellen schlagen gegen das Ufer. Unsere kleine Jurte steht ganz nah am Wasser. Schäumende Wellen rollen fast bis zur Schwelle, das Rauschen des Meeres begleitet uns in den Schlaf, Meeresrauschen beim Aufstehen, es lässt uns nicht einen Augenblick vergessen, wo wir sind. Litauen scheint weit weg zu sein, wie ein Traum, wie eine Phantasie. Wenn wir darüber reden, glauben wir selbst kaum, dass es existiert, dass wir dort gelebt haben. Ein kalter Herbst erreicht langsam die Ufer des Eismeeres. Letzte Tage der Schifffahrt. Der Oktober ist bald vorbei. Die Tundra ist wieder mit einem Tuch aus Schnee bedeckt, mit einer dünnen, zehn Zentimeter dicken Schicht, die an der Oberfläche ein bisschen aufgetaut war und jetzt wieder zu einer Eiskruste gefroren ist. Wir warten auf einen Lastkahn – die ganze litauische Kolchose wird im Winter zum Fischfang übersiedeln.

Zwei Funker kommen zu uns. Zwei hochgewachsene Männer, zwei schöne Leningrader, die seit 1937 im Norden unterwegs sind. In letzter Zeit arbeiteten sie als Funker im Hafen von Tiksi. Auch hier haben sie jetzt eine Radiostation aufgebaut. Es gibt einen Mast, die Station selbst haben sie in einem Zelt untergebracht, sie ist nur vorübergehend da. Sie haben Marytė und mich eingeladen, Radio zu hören. An einem Abend nach der Arbeit gehen wir dorthin. Das Erste, was uns staunen lässt – sind die elektrischen Glühbirnen. Die Männer haben einen Dynamo. Sprachlos starren wir auf die Glühbirnen und die Funker lächeln. Sie stehen höflich neben uns und tun so, als merkten sie nichts, aber sie verstehen alles. Sie bieten uns Platz an. Wir hören das Ende der Nachrichten über die Schlachten um Stalingrad, die Uhrzeit wird angesagt. Die Funker wollen uns eine Freude machen, sie drehen am Apparat und suchen

Musik. Ich höre Französisch, Englisch, plötzlich erklingt eine bezaubernde Musik. »Der Schwanensee«. Nein, das ist kein Traum. Das ist ... Musik, Musik ... Musik ... Das Leben, unsere Kindheit, das Zuhause, unsere Eltern, das Gymnasium – alles ist mir auf einmal vor Augen. Litauen, das ferne Litauen unserer Träume taucht vor mir auf. Ich weiß nicht, was mit uns passierte. Ich erinnere mich, wir sind aufgesprungen, liefen weit in die Tundra hinein, stürzten uns in den Schnee, und die Tränen flossen und flossen und flossen, es schnürte mir die Kehle zu, ich dachte, ich bekäme keine Luft mehr. Was für eine schreckliche, schmerzhafte Reaktion! Niemand weiß, wie lange wir da lagen, in der Umarmung der eisigen Tundra, wir zitterten am ganzen Körper und zuckten vor lautlosem Weinen. Die gestohlene Jugend weinte um die gestohlene Heimat.

Alles vergeht, auch unser Schmerz legte sich. Nach unserem Nervenzusammenbruch gingen wir bleich und zitternd vor Kälte zu unserer kleinen Jurte. Vom Meer her blies ein rauer Wind, die Wellen schlugen wild gegen das Ufer und bespritzten uns mit salzigem Wasser.

(*Das Manuskript endet hier.*)

Nachwort

Das zwanzigste Jahrhundert wird zur Recht das KZ- oder Deportationsjahrhundert genannt. Mittel- und Osteuropa haben in dieser Zeit zwei totalitäre Diktaturen erlebt – unter Hitler und Stalin. Beide wollten den freien Geist der Menschen dauerhaft brechen, schufen Systeme des Terrors und des Todes, aus denen kein Ausweg führen sollte. Der Ausweg wurde aber durch größte Anstrengungen und Opfer gefunden – heute ist unser Land ein Teil der demokratischen Welt. Was sich in der Zeit dieser zwei Diktaturen ereignete, ist vielleicht die wichtigste menschliche Erfahrung – kein Zeugnis aus dieser Zeit darf vergessen werden.

Über das stalinistische Gulag-System, das übrigens Stalin überdauerte, sind vergleichsweise wenig authentische Zeugnisse erhalten geblieben. Nicht zuletzt aufgrund der sowjetischen Zensur, die Veröffentlichungen zu verhindern und Zeugnisse zu vernichten suchte, und einen Schleier der Lüge und Heuchelei über diese Zeit legte. Diese Versuche hörten auch nach dem Zerfall der UdSSR nicht auf. Die politischen Häftlinge und Verbannten – wenn sie am Leben geblieben waren – wagten es oft nicht über diese Lebenserfahrungen zu sprechen: Die einen hatten keine Hoffnung, dass ihre Worte jemanden erreichen könnten, die anderen hatten das Gefühl, dass ihre Leiden nicht aussprechbar sind – die menschliche Sprache stößt hier an ihre Grenzen. Aber das Schweigen wurde trotzdem besiegt. Es gibt bedeutende Zeugnisse über den Gulag – in erster Linie von Alexander Solschenizyn, von Warlam Schalamow und anderen. Sie haben viel zu der Auflösung des sowjetischen totalitären

Systems beigetragen. Ich bin davon überzeugt, dass auch das Zeugnis der Litauerin Dalia Grinkevičiūtė auf derselben Ebene zu sehen ist wie diese berühmten Werke.

Dalia Grinkevičiūtė teilte das Schicksal vieler anderer Litauer. 1940 wurde ihre Heimat, ein kleines Land an der Ostsee, ein Land, in dem man bescheiden, aber vergleichsweise ruhig und zivilisiert lebte, von der Armee Stalin's besetzt. Ein Jahr später, unmittelbar vor Beginn des Deutschland-Russland Krieges, wurde fast die gesamte politische, ökonomische und kulturelle Elite Litauens – ungeachtet ihrer Herkunft, Nationalität oder ihrer Überzeugungen – aus der gewohnten Umgebung gerissen und binnen kürzester Zeit in die fernen östlichen Gebiete der UdSSR umgesiedelt, Tausende von Kilometern von ihrer Heimat entfernt. Die Verbannten wurden unter strenger Bewachung in Viehwaggons transportiert, viele kamen unterwegs um – zuerst starben die Älteren, die Kinder und die Frauen. Die Bewohner von Lettland, Estland, der Westukraine und von Westweißrussland erlitten das gleiche Schicksal. Dalia Grinkevičiūtė, die damals ein 14-jähriges Mädchen war, landete in dem gefährlichsten Verbannungsgebiet – an der Laptewsee, der Küste der Arktis, wo das Klima und die Lebensbedingungen wie in Nordgrönland oder noch schlechter waren. In dieser eisigen Hölle sind viele Schicksalsgefährten von Dalia umgekommen – durch Kälte, Hunger, Krankheiten. Dalia hat nicht aufgegeben – sie ist nicht nur am Leben geblieben, ihr gelang sogar die Flucht. Sie wurde wieder verhaftet, kam ins Lager, wurde dann wieder in die Verbannung geschickt. Nach dem Tod von Stalin gelang ihr die Rückkehr nach Litauen. Sie beendete ihr Medizinstudium und arbeitete als Ärztin in einer Provinzstadt. Von den Machthabern wurde sie weiter verfolgt und schikaniert, gewann aber das Vertrauen und die Liebe der Menschen vor Ort – sie nannten sie »daktarė Dalytė« (Doktor Dalialein): diese Verniedlichungsform des Namens auf Litauisch zeugt von einer tiefen Wärme und einer freundschaftlichen Beziehung. Der wichtigste Lebensinhalt dieser Frau wurde die heimliche Aufzeichnung ihrer Erinnerungen.

»Daktarė Dalytė« starb im Jahr 1987, im Alter von 60 Jahren, unmittelbar vor der Wiedererlangung der Freiheit, bereits wissend, dass ihr Buch* von vielen Menschen gelesen wird.

Tomas Venclova, litauischer Lyriker,
Essayist und Professor für Literatur

---

* *Tomas Venclova bezieht sich hier auf die 1974 aufgezeichneten Erinnerungen. (A. d. H.)*

Zeittafel

28. Mai 1927 – in Kaunas geboren als 2. Kind von Pranė Grinkevičienė (Hausfrau, später Sekretärin) und Juozas Grinkevičius (hoher Beamter an der Nationalbank).

14. Juni 1941 – Deportation der Familie.

1941/1942 – Arbeit in einem landwirtschaftlichen Großbetrieb in Sibirien.

28. August 1942 – Ankunft auf Trofimowsk.

10. Oktober 1943 – Tod des Vaters im Lager.

1949 – Flucht mit der Mutter nach Kaunas/Litauen.

1949/1950 – Verfassen des Manuskripts, das im Garten des Elternhauses in Kaunas vergraben wird.

5. Mai 1950 – Tod der Mutter.

1950 – Verhaftung durch den KGB. Gefängnisaufenthalte in Kaunas, Vilnius und Moskau. Erneut Deportation in ein Lager.

1954 – Entlassung aus dem Lager. Beginn eines Medizinstudiums in Omsk.

1956 – Fortsetzung des Medizinstudiums in Kaunas.

1960 – Abschluss Studiums. Ärztin im Dorfkrankenhaus von Laukuva.

1974 – Suspendierung von der Arbeit als Ärztin.

1974 – die vergrabenen Erinnerungen sind unauffindbar, erneutes Aufschreiben.

1976 – Herausgabe und Vervielfältigung von Teilen der 1974 verfassten Erinnerungen in den USA unter dem Titel »Frozen Inferno«.

1977 – Antrag auf Emigration nach Frankreich zum bereits emigrierten Cousin Vitaly Statzinsky (russischer Buchillustrator, Formalist), wird abgelehnt.

1979 – Erinnerungen von 1974 erscheinen dank Andrej Sacharow und Jelena Bonner in der Untergrundzeitschrift »Pamjat«, Band 2 in Moskau.

25. Dezember 1987 – Tod in Kaunas.

1987 – Die engste Freundin Aldona Šulskytė richtet im eigenen Haus ein Museum für Dalia Grinkevičiūtė ein.

1988 – Erinnerungen von 1974 erscheinen zum ersten Mal in Litauen in der Zeitschrift »Metai« (»Das Jahr«).

1991 – Jugendaufzeichnungen von 1949/1950 werden gefunden und restauriert.

1996 – Teile der Jugendaufzeichnungen erscheinen in Litauen in der Zeitschrift »Metai« (»Das Jahr«).

1997 – Erstpublikation in Litauen.

Glossar

Amerikanische Gebiete – hiermit ist wahrscheinlich Alaska gemeint. 1867 erwarben die USA Alaska vom Russischen Reich. 1959 wurde es zum 49. Bundesstaat der USA. Unter den Deportierten wurden oft absichtlich falsche Informationen verbreitet, sie würden zur Arbeit in russisch-amerikanische Joint Ventures transportiert. Es wurde auch häufig erzählt, dass sie mit Schiffen über die Bering-See in die USA gebracht würden.

Apostel – Bezeichnung für einen russischen Soldaten.

Artellen – Fischer-Kolchosen.

Basiaki von Gorki – die ganz Armen, in den Erzählungen von Maxim Gorki.

Danko – eine mythische Figur in einer Legende von Slaven.

Die Wolgatreidler – Gemälde des russischen Malers Repin.

Erniedrigte und Beleidigte – der erste Roman von Fjodor Dostojewski. Er schrieb diesen Roman 1861, direkt nach Ende seiner Verbannung nach Sibirien.

Gangrän – das abgestorbene Gewebe (Nekrose).

Juda Golowljow – Hauptfigur in einem satirischen Roman des russischen Schriftellers Michail Saltykow-Schtschedrin »Die Herren Golowljow« (1875/1880). Juda Golowjow ist eine negative, destruktive, heuchlerische Figur.

Kentschi – warme, lange Winterstiefel der Iwenken, die über die Knie reichen.

Komsomolzin – ein Mitglied der russischen kommunistischen Jugendorganisation, genannt Komsomol.

Kungassen – Boot (v. a. im Fernen Osten) aus Holz mit geringem Tiefgang. Die Länge kann 20 m erreichen, die Breite 5 m.

Solche Boote wurden für Fischfang, aber auch als Transportmittel benutzt.

Kuschak – Gürtel, Band.

Nadeschda Krupskaja – Lebens- und Kampfgefährtin Lenins.

Nemunas – der Fluss Memel auf Litauisch.

Pajaujis-Prozess – nach einem nationalistischen Militär-Putsch in Litauen im Jahr 1926 wurde durch die Sozialdemokraten ein Gegenputsch versucht. Einer der Hauptorganisatoren, Pajaujis wurde umgehend gefangen genommen, Festnahmen vieler Mithelfer folgten.

Pjatiletka – Fünfjahresplan. In Zentralverwaltungswirtschaften übliches Instrument volkswirtschaftlicher Planung.

Rajon – administrative Einheit in der Sowjetunion.

Ribzavod – Fischverarbeitungsfabrik.

Sowchose – staatlicher, landwirtschaftlicher Großbetrieb.

Sveklosowchos – landwirtschaftlicher Großbetrieb, der auf den Anbau von Zuckerrüben spezialisiert ist.

Trachom – bakterielle Entzündung des Auges.

Zavod – Fabrik.

Personenverzeichnis

Abromaitis – Deportierter, Leiter der Leichenbrigade.
Andriukaitis – Deportierter.
Antonow – Russe, Mitglied der Siedlungsleitung.
Ari – deportierter Junge.
Ašmontas, Adolis – Deportierter Junge, 15 Jahre alt, wohnt auf Trofimowsk in der gleichen Baracke wie Dalia.
Atkočaitienė – Deportierte, ältere Frau, stirbt im ersten Winter auf Trofimowsk.
Balamutas – Deportierter.
Balčius – deportierte Familie aus Daugai.
Balčiuvienė – Deportierte.
Baltrukonienė – Deportierte, hat einen vierjährigen Sohn Jaunutis.
Barniškienė – Deportierte, ihr kleiner Sohn, Barniškiukas, verstirbt auf Trofimowsk.
Barniškiukas – deportiertes Kind, Sohn von Barniškienė.
Bronė (Broniukas) – Deportierte, Frau von Krikštanis.
Butakow, Michail (Mischa) – Verkäufer im Laden in Bobrowsk.
Černeckaitė – Deportierte aus Šiauliai.
Charasch, Boris – deportierter Junge, etwa im gleichen Alter wie Dalia.
Charasch, Lea – Deportierte, Schwester von Boris Charasch.
Chorinowa, Vera – Tochter eines Jakuten und einer Russin.
Dalius – Deportierter Junge, Sohn von Noreikienė.
Daniliauskas – Deportierter, arbeitet mit Dalia in der gleichen Brigade auf Trofimowsk.
Daunorienė, Vincė – Deportierte, 25 Jahre.

Digrevičienė (*Digrė*) – Deportierte.

Dovydaitienė – Deportierte.

Duktow – Mitglied der Siedlungsleitung auf Trofimowsk.

Dzikas – deportierter Litauer, stirbt im Schneesturm auf dem Weg nach Stolby.

Gamzienė – Deportierte, stirbt auf Trofimowsk.

Gluschina, Franja – 19-jährige Assistentin von Dr. Griko auf Trofimowsk.

Gogolew – Jakute.

Gorbunow – Kosake.

Gratschjow – Russe.

Grigas – Deportierter, arbeitet nach dem Winter 1942 in der gleichen Brigade wie Dalia und ihr Bruder Juozas.

Grigorjew – Mitglied der Siedlungsleitung auf Trofimowsk.

Griko – Ärztin auf Trofimowsk.

Grockis – Deportierter, hat einen 10-jährigen Sohn namens Vytas (Vytutis), der auch auf Trofimowsk lebt.

Grunja – Deportierte.

Guljajew – Schuldirektor auf Trofimowsk.

Irena B – deportiertes Mädchen, gleichaltrige Freundin von Dalia.

Iwanow, Saschka – Russe.

Jankauskytė, Irena – Deportiertes Mädchen.

Jankowski – Vorgesetzter.

Janonis, Albertas – wird zusammen mit seiner Mutter deportiert, stirbt auf dem Weg nach Stolby im Schneesturm.

Jasinskienė, Stefanija – wird zusammen mit ihrer zweijährigen Tochter Dalia deportiert.

Jaunutis – deportierter Junge, 4 Jahre alt im ersten Winter auf Trofimowsk, Sohn von Baltrukonienė, wird nach deren Tod von Stalauskienė aufgenommen.

Judina, Julia Iwanowna – 23 Jahre alt, versehentlich freiwillig mit den Finnen bei der Evakuierung nach Bobrowsk mitgekommen.

Juozas – Dalias Bruder.

Justow – Russe.

Kardelienė, Elzbieta Raciborskaitė (1901–1999) – litauische Opernsängerin, 1941 im Opernhaus in Kaunas engagiert.

Kazlauskas – Deportierter – lebt auf Trofimowsk in der gleichen Baracke wie Dalia, wurde »aus Versehen« deportiert.

Kazlauskienė – Deportierte.

Kekonen – Finne, Klassenkamerad von Dalia in der Schule, die auf Trofimowsk eröffnet wird.

Kespaiko, Erhard Modestowitsch – Este, verheiratet mit Vera Pawlowna, Leiter eines Fischereigebietes in Bobrowsk.

Klingman – Deportierte, stirbt auf Trofimowsk.

Kobra – Deportierter Litauer.

Krikštanienė, Bronė – Deportierte, Frau von Krikštanis, Leiterin von Dalia's Brigade im ersten Winter auf Trofimowsk.

Krikštanis, Alis – Sohn von Krikštanis und Krikštanienė.

Krikštanis – schloss sich den Deportierten mit seiner Frau und seinem Sohn Alis freiwillig an.

Lazauskas – Deportierter.

Liuda – deportiertes Mädchen aus Šiauliai, ihr Bruder, ein ehemaliger Offizier und ihre Mutter sterben auf Trofimowsk.

Makarow – Jakute, wird neuer Direktor auf Bobrowsk nach Kespaikos Flucht.

Maknytė, Lialė – deportiertes, elfjähriges Mädchen.

Marija – arbeitet in der Küche der Kantine auf Trofimowsk, die nach dem verheerenden Winter 1942 erbaut wird.

Markauskaitė, Genė – deportiertes, 10-jähriges Mädchen.

Markevičienė, Genė – Deportierte, hat ihren Mann und all ihre Kinder in der Verbannung verloren.

Sirutis, Marytė – deportiertes Mädchen, 15 Jahre.

Matiukienė – Bekannte Dalia's aus Litauen.

Mawrin – Betriebsdirektor auf Trofimowsk.

Michailowna, Ana – Lehrerin von Dalia in der Schule auf Trofimowsk.

Mikas – Deportierter, arbeitet nach dem Winter 1942 in der gleichen Brigade wie Dalia und ihr Bruder Juozas.

Milė – siehe: *Noreikienė*.

Mindaugas – Deportierter, junger Mann.

Mironowa – Russin.

Misevičienė – Deportierte.

Misiūnienė – Deportierte.

Morkutė, Genė – deportiertes Mädchen.

Nausėdienė, Aldona (Aldutė) – Deportierte, 30 Jahre, eng mit Milė Noreikienė befreundet.

Nina – Deportierte.

Nolja – Deportierter, 18 Jahre.

Noreika – Deportierter, ist mit seiner Frau und seinem Sohn in der Verbannung auf Trofimowsk.

Noreikienė, Milė – Deportierte, 30 Jahre, hat einen Sohn Dalius.

Nowikowa – Lehrerin für Zeichnen aus Leningrad, ist Sekretärin bei Dalias Prozess auf Trofimowsk.

Paulauskienė – Deportierte.

Pawlowna, Vera – Frau von Kespaiko.

Petrauskas, Kipras (1885–1968) – berühmter litauischer Opernsänger, Gründer des litauischen Nationalopernhauses in Kaunas, im Jahr 1941, als Dalia ihm begegnete, sang er im Opernhaus in Kaunas.

Petrikas – deportierter Litauer.

Platinskas – Deportierter.

Polek, Ana – Krankenschwester im Krankenhaus auf Trofimowsk.

Prapuolenienė, Stasė – Deportierte.

Pticewa – Jakutin, Klassenkameradin von Dalia in der Schule, die auf Trofimowsk eröffnet wird.

Pusvaškienė – Deportierte, arbeitet nach 1942 als Friseurin auf Trofimowsk, hat eine Tochter Gražutė.

Regina – siehe: *Stalauskaitė.*

Reino – Finne, arbeitet als Freier in einer Häftlingsbrigade nach dem Winter 1942 auf Trofimowsk.

Riekus – Deportierter, 70 Jahre alt, Mitangeklagter bei Dalias Prozess auf Trofimowsk.

Rimkevičius, Rimas – Deportierter, Kübelmacher, wohnt mit Dalia und anderen in der gleichen Jurte in Bobrowsk, Leiter der Brigade.

Samodurow, Dr. – Jüdischer Arzt. Sorgt nach dem großen Schneesturm von 1942 dafür, dass die Kranken versorgt werden.

Saulevičienė – Deportierte, Lehrerin.

Semionow – Jakute, Klassenkamerad von Dalia in der Schule, die auf Trofimowsk eröffnet wird.

Sereda – Stellvertretender Direktor auf Trofimwosk.

Sirutienė – Deportierte.

Smelzow, Konstantin Pawlowitsch – Mitglied der Siedlungsleitung.

Sonja – Buchhalterin in Bobrowsk.

Spūdienė – Deportierte, war Dalia's Lehrerin für Geschichte.

Stalauskienė – Mutter von Regina Stalauskaitė, kümmert sich nach dem Tod von Frau Baltrukonienė um deren vierjährigen Sohn Jaunutis.

Stalauskaitė, Regina – Deportiere.

Staniškis – Deportierter, Leiter einer Brigade, stirbt auf Trofimowsk.

Stankevičius – Deportierter, später Vorgesetzter der litauischen Kolchose.

Štarienė – Deportierte. Dalias Bruder nennt sie die »süße Genė« oder »die Honigsüße«, ihr Mann Bronius wurde ebenfalls deportiert.

Stasiūnas, Tautvilas – deportierter Junge, Klassenkamerad von Dalia in der Schule, die auf Trofimowsk eröffnet wird.

Stepanovienė – Deportierte, Frau eines Arztes aus Alytus.

Steponavičienė – Deportierte, ihr Sohn ist Zigmas Steponavičius.

Steponavičius, Zigmas – Deportierter, ehemaliger Student der Akademie für Landwirtschaft.

Sventickis – Pole, Vorgesetzter.

Tamulevičius – Deportierter, der in der Leichenbrigade von Abromaitis arbeitet.

Totoraitis, Auksas – deportierter Junge, 10 Jahre alt, Sohn der Familie Totoraitis.

Totoraitis, Oldas – Deportierter, arbeitet mit Dalia in der gleichen Brigade auf Trofimowsk.

Totoraitis, Vytautas – Deportierter, ältester Sohn der Familie Totoraitis.

Totoraitytė, Birutė – Deportierte, 20 Jahre alt. Tochter der Familie Totoraitis'.

Trawkin – »Lebensmittelkönig« auf Trofimowsk.

Trochowa – Jakutin, Klassenkameradin von Dalia auf der Schule, die auf Trofomowsk eröffnet wird.

Tumin – Leiter einer Kosakenbrigade.

Ulevičius – Deportierter.

Vanagas, Ernestas – Deportierter.

Vidoklerienė – Deportierte, ihr Sohn stirbt auf Trofimowsk.

Vilkaitis – Deportierter, Professor für Botanik, Schulfreund von Dalias Vaters, stirbt auf Trofimowsk.

Vincė – siehe: *Daunorienė*.

Vytas (*Vytutis*) – Deportierter Junge, 10 Jahre alt. Sohn von Grockis.

William – Finne, Koch in der Kantine auf Trofimowsk, die nach dem verheerenden Winter 1942 erbaut wird.

Worobjowa, Lida (Kurzform von Lidia) – 23 Jahre alt, wird ironisch oft mit Lidia Wasiljewna, dem Namen ihres Vaters angesprochen; war früher Krankenschwester, die angeworben wurde.

Zagurskienė – Ladenbesitzerin auf Trofimowsk, Frau von Zagurskis.

Zagurskis – Ladenbesitzer auf Trofimowsk.

Ziencikaitė – deportiertes Mädchen.

Ziencikas – Deportierter.

Žukienė – Deportierte, wohnt auf Trofimowsk in der gleichen Baracke wie Dalia.

Das Manuskript von Dalia Grinkevičiūtė erschien 1997 unter dem Titel
»Litauer an der Laptewsee« beim Verlag
des litauischen Schriftstellerverbandes, Vilnius.

Originaltitel: »Lietuviai prie Laptevų jūros« Lietuvos rašytojų sąjungos
leidykla, Vilnius, 1997

Bildnachweis: Abdruck mit freundlicher Genehmigung
S. 129, 142, 155, 168, 181: Genozid- und Resistenzzentrum Vilnius
S. 9 10, 25, 38, 51, 64, 77, 90, 102: Litauischer Nationalmuseum

Kartenskizzen: Anna Husemann (S. 4-5, 116)

Die Übersetzung wurde ermöglicht durch »Books from Lithuania«.

Books from Lithuania

MIX
Papier aus verantwortungsvollen Quellen
FSC® C014496
FSC www.fsc.org

Verlagsgruppe Random House FSC® N001967

1. Auflage
Genehmigte Taschenbuchausgabe November 2016,
btb Verlag in der Verlagsgruppe Random House GmbH,
Neumarkter Straße 28, 81673 München

Umschlaggestaltung: semper smile, München
nach einem Umschlagentwurf von matthes-seitz-berlin.de
unter Verwendung eines Motivs aus
Privatarchiv Dalia Grinkevičiūtė/Nationalmuseum Litauen
Druck und Einband: GGP Media GmbH, Pößneck
MK · Herstellung: sc
Printed in Germany
ISBN 978-3-442-71428-5

www.btb-verlag.de
www.facebook.com/btbverlag
Besuchen Sie auch unseren LiteraturBlog www.transatlantik.de